懐かしい沿線写真で訪ねる

小田急電鉄
街と駅の1世紀

生田 誠

昭和の街角を紹介

多摩川の鉄橋を渡る2400系などの6両編成。ボートに乗ることが娯楽の一つとして盛んだったころの風景。(昭和39年)

撮影：J.WALLY HIGGINS

アルファベータブックス

CONTENTS

はしがき ……………………………………… 4	狛江、和泉多摩川 ………………………… 24
	登戸、向ヶ丘遊園 …………………………… 26

第1部　小田原線

新宿 ……………………………………………… 6	生田 ………………………………………… 28
南新宿、参宮橋、代々木八幡 …………… 10	読売ランド前、百合ヶ丘 ………………… 30
代々木上原 ………………………………… 12	新百合ヶ丘、柿生 ………………………… 32
東北沢、下北沢 …………………………… 14	鶴川、玉川学園前 ………………………… 34
世田谷代田、梅ヶ丘 ……………………… 16	町田 ………………………………………… 36
豪徳寺、経堂 ……………………………… 18	相模大野、小田急相模原 ………………… 40
千歳船橋、祖師ヶ谷大蔵 ………………… 20	相武台前、座間 …………………………… 42
成城学園前、喜多見 ……………………… 22	海老名 ……………………………………… 44
	厚木 ………………………………………… 46

小田原急行鉄道沿線名所案内

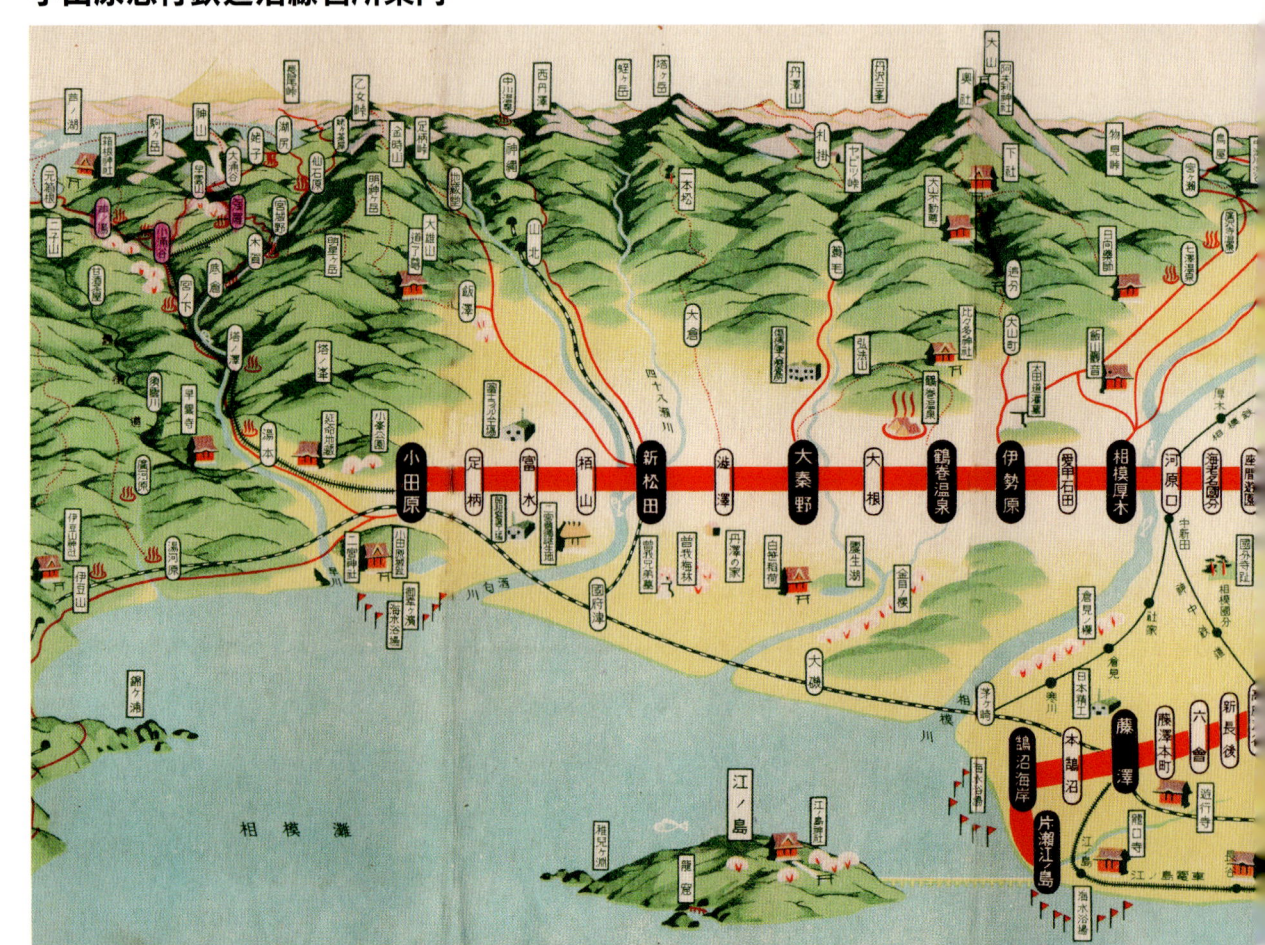

新宿から一直線に小田原へ延びる小田原線と、通信学校（現・相模大野）駅から南に向かう江ノ島線。廃止された山谷駅のほか、現在と異なる名称の名が複数存在する。

本厚木 … 48	大和 … 70
愛甲石田、伊勢原 … 50	桜ヶ丘、高座渋谷 … 72
鶴巻温泉、東海大学前 … 52	長後、湘南台 … 74
秦野、渋沢 … 54	六会日大前、善行、藤沢本町 … 76
新松田、開成 … 56	藤沢 … 78
栢山、富水、蛍田、足柄 … 58	本鵠沼、鵠沼海岸、片瀬江ノ島 … 80
小田原 … 60	

第2部　江ノ島線

東林間、中央林間 … 66
南林間、鶴間 … 68

第3部　多摩線

五月台、栗平、黒川、はるひ野 … 84
小田急永山、小田急多摩センター、唐木田 … 86

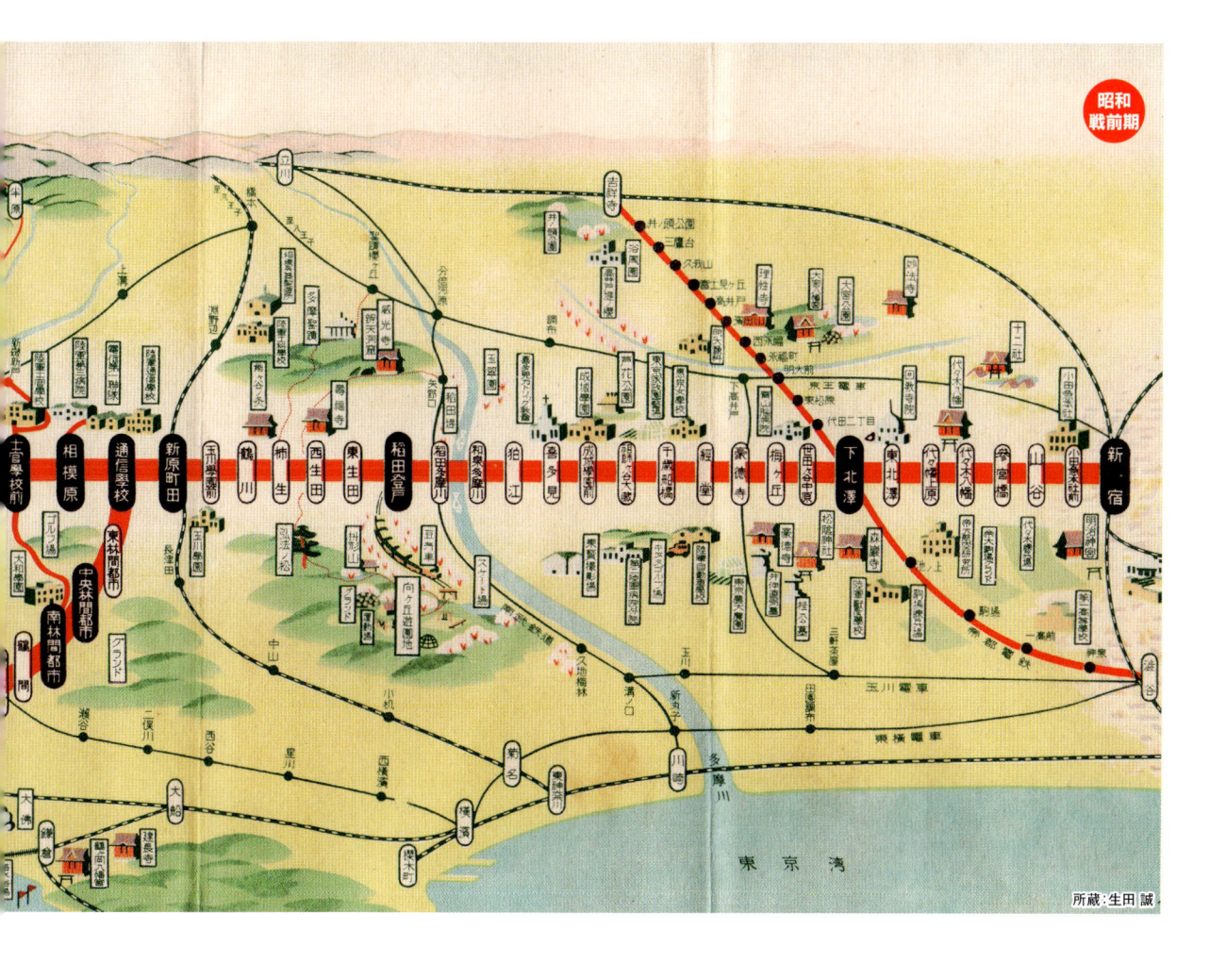

まえがき

　関東の大手私鉄の中でも、小田急電鉄はスマートなイメージをもつ路線の一つといわれる。その理由は、東京と神奈川（湘南）を結ぶ路線であること、そして、箱根や江の島というリゾート地へ向かう特急を運転しているからだろう。その特急列車の愛称が、戦前から呼び名があったロマンスカーであり、昭和4（1929）年公開の映画「東京行進曲」の主題歌で、「いっそ小田急で逃げましょか」と歌われるほど、当時の流行の先端ともなっていた。

　小田急電鉄は小田原急行鉄道の名称で、昭和2年4月に小田原線が開業している。このとき、新宿～小田急間が一挙に開通し、半年後の10月には全線が複線化された。続いて、昭和4年4月には、江ノ島線の相模大野～片瀬江ノ島間が開業した。なお、多摩線の開業は戦後の昭和49（1974）年6月である。

　この小田原線の途中駅だけでも、代々木上原、下北沢、豪徳寺、登戸、町田、海老名、厚木、新松田の各駅において、他社線と連絡している。乗り換え可能な路線は地下鉄千代田線、京王井の頭線、東急世田谷線、JR南武線、JR横浜線、相模鉄道本線、JR相模線、JR御殿場線である。そして終点の小田原駅で、JR東海道線、箱根登山鉄道線、伊豆箱根鉄道大雄山線と接続しており、こうした接続の多様さが路線の強みとなり、通勤・通学に加えて、観光やビジネスなど幅広い用途の利用者が乗る路線となっている。

　また、始発駅である新宿駅は都内最大のJR・私鉄の連絡駅であり、小田急線に加えて、JR山手線と中央線、京王線、東京地下鉄丸ノ内線、都営地下鉄新宿線と大江戸線の7線が乗り入れている。小田急線の各駅から都心にやってきた乗客は、これらの路線に乗り換えることで、都内各地へスムーズに行くことができる。

　新宿駅西口には小田急百貨店新宿店のほか、小田急ハルク、小田急明治安田生命ビルなどのビルがあり、バスや百貨店を含む小田急グループの本拠地となっている。なお、小田急本店の所在地は南新宿駅に近い小田急南新宿ビルであるが、本社事務所は西新宿の小田急明治安田生命ビルに置かれている。

向ヶ丘遊園駅と遊園地の間を結んでいた蓄電式機関車。アメリカの蒸気機関車によくあるような大きな鐘を運転席の上に付けていた。

第1部
小田原線

新宿と小田原を結ぶ小田原線は当初、小田原急行鉄道として開業した小田急電鉄の本線である。全長は82.5kmで、47駅があり、昭和2(1927)年4月1日に全線が一度に開業した。この沿線には、町田市、川崎市、相模原市、海老名市、厚木市といった首都圏のベッドタウンが広がり、経堂、成城学園前駅などは高級住宅地の玄関口となっている。一方で、新宿から箱根、江の島方面に向かう観光客が利用する路線でもあり、全車座席指定の特急ロマンスカーも運転されている。

昭和28年

撮影:髙橋 弘

1700形は本格的な特急専用車両として昭和26〜27年に3編成が登場。その後、3000形SE車が登場すると通勤電車に改造された。

Shinjuku St.

新宿
しんじゅく

JR線と接続、小田急と京王が西口に駅を開設
昭和39年に地上・地下の新ホーム誕生

【新宿駅】

開業年	昭和2(1927)年4月1日
所在地	東京都新宿区西新宿1-1-3
キロ程	0.0キロメートル(新宿起点)
駅構造	地下駅
ホーム	4面3線／3面2線
乗降人数	488,021人

昭和戦前期

◎新宿駅のホーム
小田急の新宿駅は昭和30年代に第1次改良工事が行われ、現在のような地上、地下の二層構造の駅に変わった。これは地上駅だった昭和戦前期のプラットホームの風景である。
所蔵:生田 誠

現在

◎新宿駅西口
日本一の乗降客数となった新宿駅。この西口は小田急、京王の始発駅となり、大いなる発展を遂げる最中だった。左手には、小田急ハルクのビルが見える。

▷新宿駅を出発
南新宿駅に向かう大きなカーブにさしかかるところ。この1700形はかつての特急車を一般車に改装した電車。

昭和37年
撮影:J.WALLY HIGGINS

現在

◁30000形EXE
観光と通勤の両方で活用できるように登場。これまでのロマンスカーと異なり、前面展望席はない。

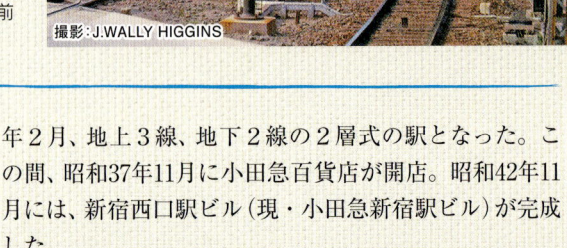

　現在では小田急電鉄とともにJR中央線、山手線、京王電鉄、東京地下鉄丸ノ内線、都営地下鉄新宿線・大江戸線が乗り入れている新宿駅。その歴史は、明治18(1885)年3月にさかのぼる。このとき、日本鉄道品川線(現・山手線)の駅が開業したのがスタートであった。その4年後の明治22年4月、甲武鉄道の新宿〜立川間が開通し、明治27年10月には新宿〜牛込間が開通して途中駅となった。
　小田原急行電鉄(現・小田急電鉄)小田急線の新宿駅は昭和2(1927)年4月に開業した。このとき、小田原線の全線が同時開通しており、小田原へ向かう始発駅となっている。当時は地上4線のホームで、昭和39(1964)年2月、地上3線、地下2線の2層式の駅となった。この間、昭和37年11月に小田急百貨店が開店。昭和42年11月には、新宿西口駅ビル(現・小田急新宿駅ビル)が完成した。
　新宿という地名は、江戸時代に甲州街道に設けられた「新しい宿場」に由来する。その前には信州・高遠藩主、内藤家の屋敷があったことから「内藤新宿」と呼ばれ、やがて「新宿」の名が定着した。戦前には、駅周辺が四谷区と淀橋区に分かれていたが、戦後は新宿区が誕生し、名実ともにさらに発展した。小田急の駅がある西口側には、平成3(1991)年に東京都庁が移転し、都政の中心地となったことで街の発展が加速した。

昭和37年

昭和29年

▲改良工事中の新宿駅
撮影:J.WALLY HIGGINS
新宿駅第1次改良工事の様子。地下3線、地上2線化する大工事で、昭和35年〜39年に行われた。奥には中央緩行線の101系が停車している。

▲新宿を発車した1800形
撮影:竹中泰彦
新宿駅から少しの区間を国鉄中央線と並行して南新宿駅へ向かう1800形。写真の1821は国電モハ42005の戦災復旧車。

古地図探訪

新宿駅、南新宿駅付近

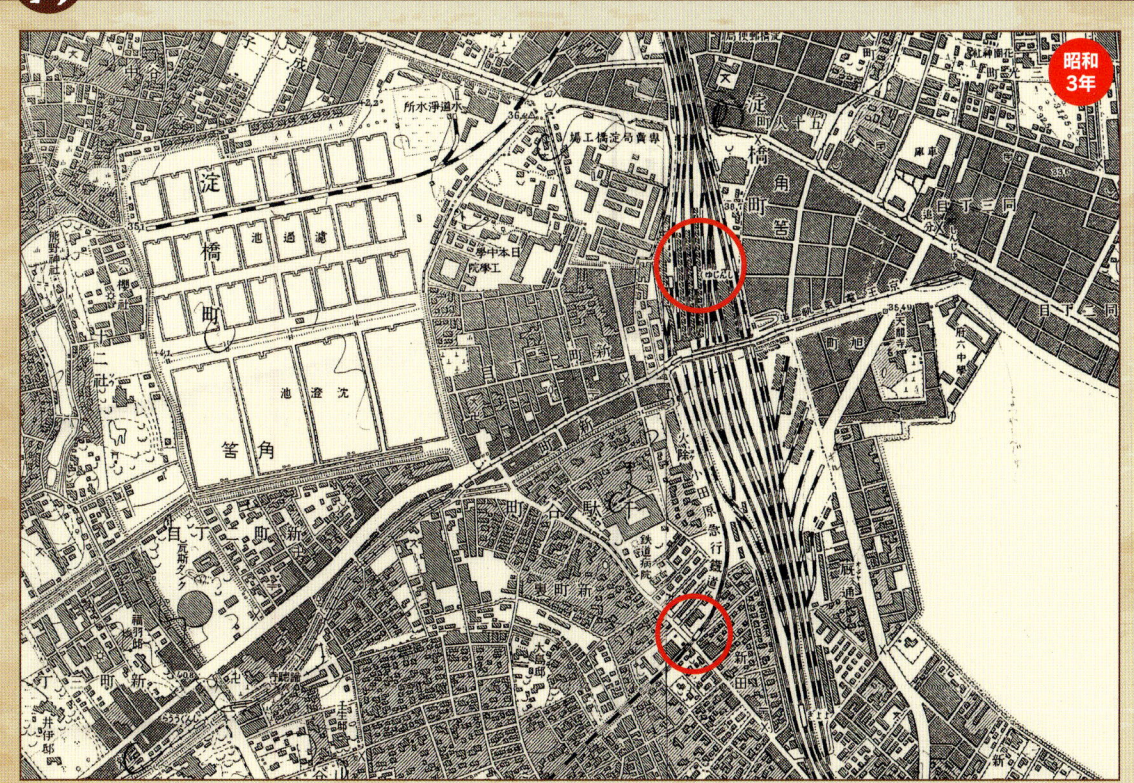

昭和3年

小田急急行鉄道(現・小田急電鉄)の駅ホームがある西口側には、専売局(現・JT)淀橋工場、日本中学・工学院(現・工学院大学)があり、その先には濾過池・沈殿池をもつ淀橋浄水場が広がっていた。この時代は、新宿区の前身・淀橋区の誕生以前で、駅周辺は淀橋町であり、東側は四谷区、南側は千駄谷町の一部だった。鉄道は国鉄線を除くと、京王電気軌道(現・京王電鉄)があり、新宿追分(新宿三丁目)を起点に南西に進み、駅南側の国鉄ガードを越えて府中方面に向かっていた。駅の東側、天竜寺に隣接する「府六中学」は、東京府立第六中学校、現在の都立新宿高校である。右側の白地部分は、新宿御苑である。

新宿区 / 渋谷区 / 世田谷区 / 狛江市 / 川崎市多摩区 / 川崎市麻生区 / 町田市 / 相模原市南区

7

明治神宮

国鉄新宿駅　小田急線新宿駅　京王線新宿駅

現・小田急ハルク

大ガード

新宿駅西口の空撮

淀橋浄水場が豊かな水をたたえ、東京ガスのガスタンクがそびえていた頃の新宿駅西口の風景。手前には大ガード、奥には明治神宮の森が見える。この頃、駅前では大規模なビルの建設も始まっていたが、やって来る自動車、バスの姿はまだ少なかった。

昭和36年

- 文化服飾学院
- 東京ガス・ガスタンク
- 淀橋浄水場
- 荻窪行き都電停留場

新宿区 / 渋谷区 / 世田谷区 / 狛江市 / 川崎市多摩区 / 川崎市麻生区 / 町田市 / 相模原市南区

提供：朝日新聞社

Minami-Shinjuku St. / Sangubashi St. / Yoyogi-Hachiman St.

南新宿、参宮橋、代々木八幡

隣りの渋谷区内に南新宿など3駅存在
明治神宮の参宮橋、代々木八幡宮が鎮座

【南新宿駅】

開 業 年	昭和2(1927)年4月1日
所 在 地	東京都渋谷区代々木2-29-16
キ ロ 程	0.8キロメートル（新宿起点）
駅 構 造	地上駅
ホ ー ム	2面2線
乗降人数	3,788人

【参宮橋駅】

開 業 年	昭和2(1927)年4月1日
所 在 地	東京都渋谷区代々木4-6-7
キ ロ 程	1.5キロメートル（新宿起点）
駅 構 造	地上駅
ホ ー ム	2面2線
乗降人数	15,347人

【代々木八幡駅】

開 業 年	昭和2(1927)年4月1日
所 在 地	東京都渋谷区代々木5-6-1
キ ロ 程	2.7キロメートル（新宿起点）
駅 構 造	地上駅
ホ ー ム	2面2線
乗降人数	19,810人

昭和37年
撮影◎小川峯生

◎代々木八幡駅
急カーブのある特殊な場所に位置する代々木八幡駅。この地上駅舎の形も独特だった。「おとめ」の愛称をもつ特急ロマンスカーがいま、駅を通過してゆく。

現在

◎代々木八幡駅
現在も1・2番線のホームが跨線橋で掬ばれている代々木八幡駅。この駅舎は解体予定で、新しい橋上駅舎を造る工事が行われている。

　新宿駅の隣り駅である南新宿駅は、駅名とは違って渋谷区内に存在する。次の参宮橋、代々木公園駅も渋谷区内で、小田急線は新宿駅を出るとすぐに渋谷区内を走ることとなる。この3駅はいずれも、昭和2(1927)年4月、小田急小田原線の開通時に開業している。

　南新宿駅は、「千駄ヶ谷新田駅」としてスタートし、その後、小田急電鉄本社の移転で、「小田急本社前駅」を名乗ったが、昭和17年5月に南新宿駅と改称した。このときは、現在よりも約100メートル北側に位置し、昭和48(1973)年12月に現在地に移転した。戦前には、次の参宮橋駅との間に山谷駅が存在した。

　参宮橋駅は、明治神宮に参詣するための参宮橋（跨線橋）があることから名付けられた。開業当時は、陸軍の代々木練兵場が存在し、戦後は米軍のワシントンハイツを経て、東京オリンピックの代々木選手村として使用され、現在は代々木公園となっている。駅そばには、国立オリンピック記念青少年総合センターがある。

　代々木八幡駅は、駅の北側に鎮座する代々木八幡宮から、駅名が付けられた。この神社は東側の小田急線、西側の山手通りに挟まれる形となっている。また、小田急線の東側には代々木公園が広がっている。この駅は平成30(2018)年には、橋上駅となる予定である。

古地図探訪　参宮橋駅、代々木八幡駅付近

昭和3年

南新宿駅（昭和38年）
現在地に移転する前、新宿寄りにあった頃の南新宿駅。隣りの新宿駅、JR代々木駅に近いこともあり、利用者はそれほど多くなかった。
撮影：荻原二郎

南新宿駅（現在）
千代通りに面して改札口が開かれている南新宿駅。古くからある、代々木2丁目の住宅地の中に位置する小さな駅である。

参宮橋駅（昭和38年）
明治神宮の玄関口にふさわしい社殿風の駅舎があった頃の参宮橋駅。古風な建物には似合わない、登場し始めた頃の自動券売機が中央に見える。
撮影：荻原二郎

参宮橋駅（現在）
現在の参宮橋駅の駅舎は、シンプルで実用的なものに変わっている。初詣時には利用者が急増するため、臨時改札が設けられる。

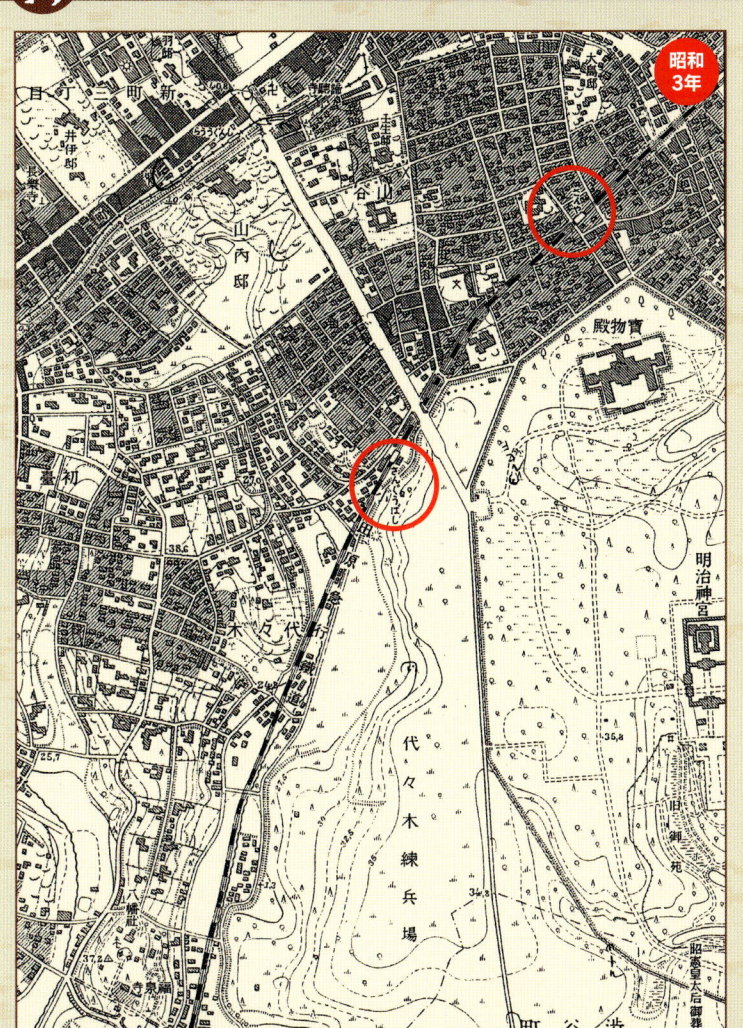

地図の大部分を占めるのは、明治神宮、陸軍の代々木練兵場で、その面積がいかに広大であったかがわかる。その先を走る小田急線は、その西側をほぼ真っすぐに南西に走り、代々木八幡駅付近で大きく西にカーブしている。地図の北西側には、多くの家屋が立ち並んでいるが、南西側はまだ開発される余地が残っていた。代々木八幡駅の北側は、台地状の地形で、八幡社（代々木八幡）とともに福泉寺が存在している。明治神宮の宝物殿の北西、小田急線には山谷駅が存在し、その西側には壬生邸、山内（侯爵）邸があった。

Yoyogi-Uehara St.
代々木上原
（よよぎうえはら）

開業時は代々幡上原、昭和16年に改名
地下鉄千代田線と接続、相互直通運転も

【代々木上原駅】	
開業年	昭和2(1927)年4月1日
所在地	東京都渋谷区西原3-8-5
キロ程	3.5キロメートル(新宿起点)
駅構造	高架駅
ホーム	2面4線
乗降人数	243,222人

昭和38年

撮影：荻原三郎

現在

代々木上原駅
昭和52年に高架駅となった代々木上原駅。東西南北に出入り口が設けられ、改札口は2階、ホームは3階にある。

代々木上原駅
平仮名で書かれた「よよぎうえはら」の駅名看板が掛かる駅前の風景。千代田線の開通、駅前が開発される前で、ビルの影は見えない。

現在

上りホームに入線する東京メトロ6000系
昭和43年に登場以来、長年に渡って走り続けてきたが、今後、新鋭の16000系に置き換えが完了する予定である。

千代田線の始発駅
東京メトロ千代田線の「駅ナンバリング」で千代田線は「C」(CHIYODAの略)。始発駅の当駅は「C01」である。

　代々木八幡駅付近で大きくカーブした小田急線は、今度は西に進むことになる。次の駅も「代々木」を冠した代々木上原駅で、この駅までが渋谷区内になる。
　この駅は、東京地下鉄千代田線との連絡駅で、この先、千代田線の列車も小田急線に乗り入れているが、実は千代田線は、代々木八幡駅付近から、小田急線と同じルートの地下を走る形になっている。千代田線はJR常磐線(各駅停車)と相互直通運転を実施しており、代々木上原駅経由で、小田急線にも常磐線の列車が乗り入れている。
　代々木上原駅は、昭和2(1927)年4月の開業で、当時は代々幡上原駅を名乗っていた。現在の駅名に改称したのは昭和16年10月である。昭和53(1978)年3月、千代田線の駅が開業するが、その前年に約200メートル西側の現在地に移転し、高架駅に変わっている。
　「上原」は現在も渋谷区内の地名となっている。また、昭和7年に東京市が拡張され、渋谷区が誕生する以前には、東京府豊多摩郡に代々幡町が存在した。明治22(1889)年、代々木村と幡ヶ谷村が合併して誕生した代々幡村が、大正4(1915)年に町制施行したもので、現在も一部の施設に「代々幡」の名前が残っている。

古地図探訪　代々木上原駅付近

現在
▲唐木田駅に停車している
　JR東日本E233系2000番代

現在
▲取手駅に停車している
　小田急4000形

平成28年3月より、東京メトロ千代田線の綾瀬以東 常磐緩行線にも小田急車両が乗り入れるようになり、千葉県、茨城県を走るようになった。一方、JR松戸車両センター所属のE233系が唐木田（一部は本厚木）に乗り入れる。但し、209系は小田急線には入らない。

週末温泉列車

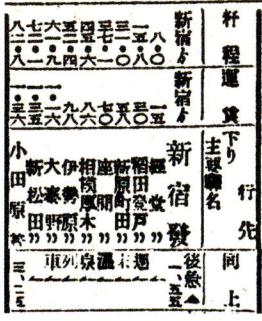

昭和10年　撮影：荻原二郎

「週末温泉列車」は昭和10年から運転開始。毎週土曜日の13時55分に新宿を発車して、15時25分に小田原着。座席定員制となっていて、行楽シーズン等の多客期には4両編成で運転された。写真は代々幡上原（現・代々木上原）～東北沢間。

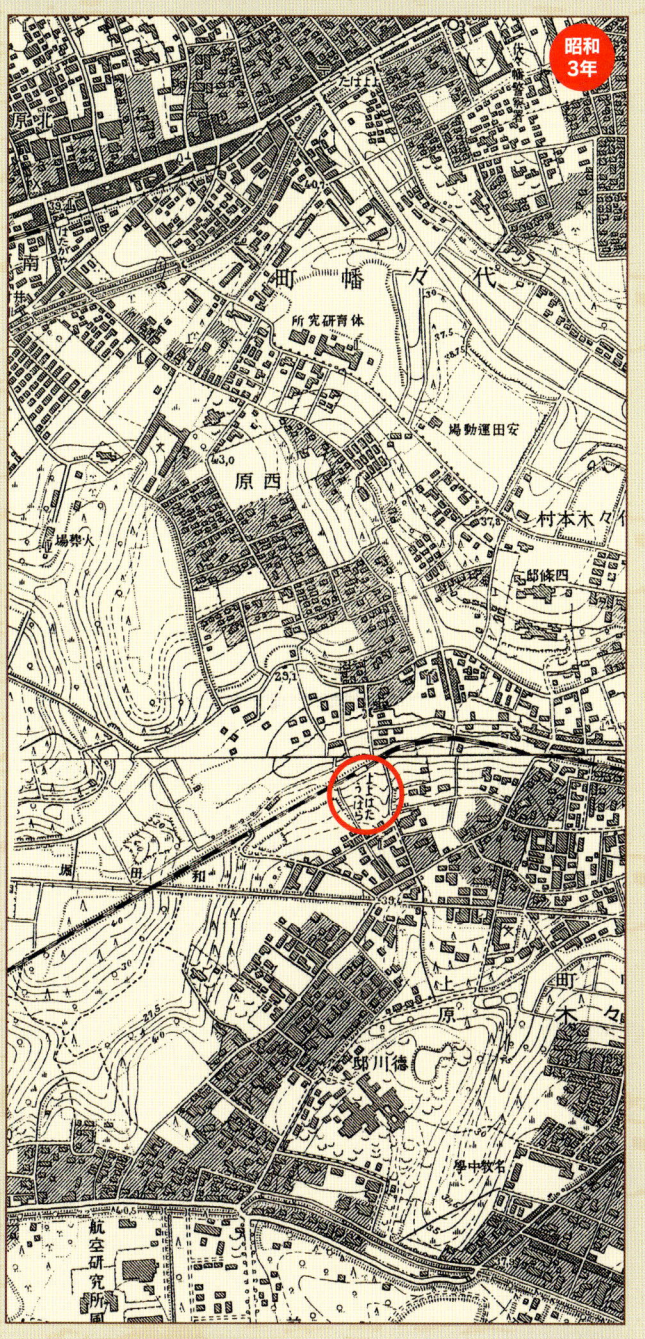

昭和3年

この当時は、代々幡町が存在し、代々幡上原（現・代々木上原）駅が置かれていた。北側を走る京王線には、代々幡（現・幡ヶ谷）駅があり、両線の中間付近に西原小学校（「文」マーク）がある。その北東には、体育研究所が見えるが、現在は渋谷区スポーツセンターとなっている。代々幡上原駅の南側には、広い敷地をもつ徳川邸があり、その南西には「名教中学」の文字が見える。この学校は戦後、名教中学校・高等学校となり、昭和30年に東海大学に吸収され、東海大学付属高等学校に改称。現在は、東海大学代々木キャンパスとなっている。

新宿区 | 渋谷区 | 世田谷区 | 狛江市 | 川崎市多摩区 | 川崎市麻生区 | 町田市 | 相模原市南区

13

Higashi-Kitazawa St. / Shimo-Kitazawa St.

東北沢、下北沢

東京回教寺院のモスクが見える東北沢
井の頭線連絡、下北沢は若者が集まる街

【東北沢駅】

開業年	昭和2(1927)年4月1日
所在地	東京都世田谷区北沢3-1-4
キロ程	4.2キロメートル(新宿起点)
駅構造	地下駅
ホーム	1面2線
乗降人数	6,422人

【下北沢駅】

開業年	昭和2(1927)年4月1日
所在地	東京都世田谷区北沢2-24-2
キロ程	4.9キロメートル(新宿起点)
駅構造	地下駅
ホーム	1面2線
乗降人数	114,669人

昭和38年

◎東北沢駅
地上駅舎だった頃の東北沢駅で、二代目駅舎である。左右に大きく張り出した大屋根が印象的だった。駅舎のある地面は少し高くなっている。
撮影：荻原二郎

◎東北沢駅西口 現在
地下駅に変わった東北沢駅では、複々線化の工事が続けられている。これは西口の出入り口である。

昭和38年

◁下北沢駅
特急ロマンスカー「あしのこ」が下北沢駅の1番(下り)ホームを通過する。ホームの屋根、跨線橋がまだ木製だった時代の姿である。
撮影：荻原二郎

▷下北沢駅南口 現在
再開発により変貌を遂げつつある下北沢駅の周辺。連続立体交差化により、小田急の駅は地下駅となって、さらに複々線化の工事が続けられている。

　世田谷区に入った小田急線には、東北沢と下北沢の2駅が置かれている。このあたりには「北沢」という地名が広がっているが、明治中期までは荏原郡に下北沢村が存在し、当時は上北沢村もあったため、京王線に上北沢駅が設置されている。
　渋谷区との境界近くにある東北沢駅は昭和2(1927)年4月の開業である。「下北沢」の東側にあることから、この駅名が採用された。車窓からモスクの屋根が見える、東京ジャーミイ・トルコ文化センター(東京回教寺院)があることでも知られる。駅付近では連続立体交差化工事が進められており、ホームは地下に移り、地上駅舎も新しくなっている。
　「シモキタ(下北)」の愛称で知られる下北沢駅は、京王井の頭線との連絡駅である。小田急の下北沢駅の開業は昭和2年4月で、昭和8年8月に帝都電鉄(現・京王井の頭線)の駅が加わった。両線は立体交差し、小田急線は「下の電車」、帝都(井の頭)線は「上の電車」とも呼ばれていた。平成25(2013)年3月、小田急線が地下線となったが、現在も駅周辺での工事が行われている。
　小田急、京王井の頭沿線には、大学や学校が多く、「シモキタ」は学生が集まる街として知られている。また、小劇場、シアターが多くあることでも有名である。

◀ **東北沢駅ホーム**

当時は当駅で優等列車の待避を行っていた。中線2線が通過線で、新幹線タイプの配線であった。現在は地下化され変貌を遂げている。

昭和45年

撮影：J.WALLY HIGGINS

古地図探訪

東北沢駅、下北沢駅付近

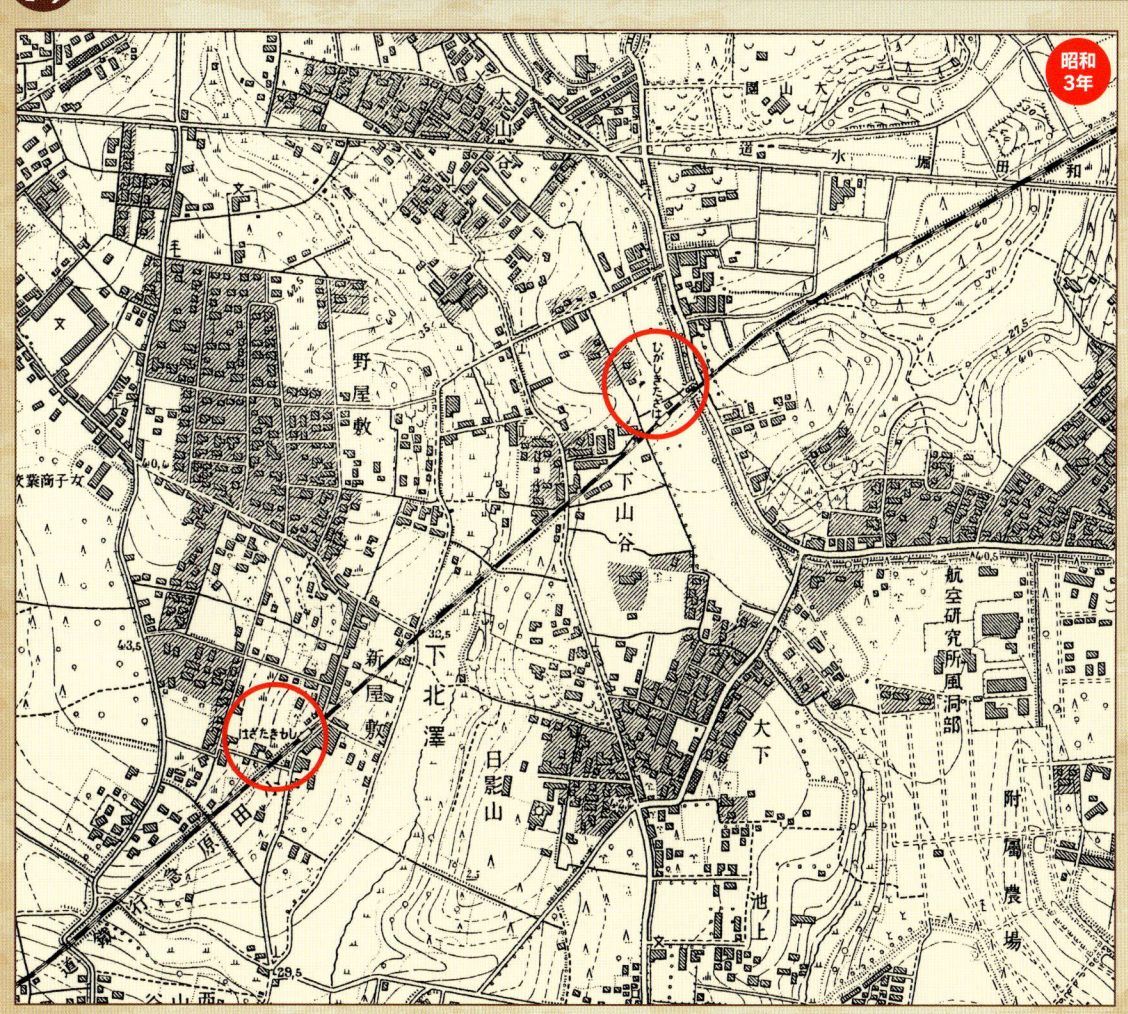

昭和3年

北側には、和田堀水道（現・井の頭通り）があり、中央部分に小田急線が南西に延びてゆく。しかし、下北沢駅で交差する井の頭線はまだ開通しておらず、付近が開発される前の地図である。南東の駒場には、現・東京大学の付属農場、航空研究所風洞部が存在している。この航空研究所の跡地は現在、先端科学技術研究所となっている。東北沢駅付近には「下山谷」「野屋敷」、下北沢駅付近には「新屋敷」といった地名が見えるが、現在は世田谷区となり、「北沢」などの地名に変わっている。

新宿区 / 渋谷区 / 世田谷区 / 狛江市 / 川崎市多摩区 / 川崎市麻生区 / 町田市 / 相模原市南区

15

Setagaya-Daita St. / Umegaoka St.
世田谷代田、梅ヶ丘

開業時は世田ヶ谷中原、昭和21年に改称
昭和9年に梅ヶ丘駅、羽根木公園に梅林

【世田谷代田駅】

開業年	昭和2(1927)年4月1日
所在地	東京都世田谷区代田2-31-12
キロ程	5.6キロメートル(新宿起点)
駅構造	地下駅
ホーム	2面2線
乗降人数	7,934人

【梅ヶ丘駅】

開業年	昭和9(1934)年4月1日
所在地	東京都世田谷区梅丘1-31-21
キロ程	6.3キロメートル(新宿起点)
駅構造	高架駅
ホーム	2面4線
乗降人数	31,444人

昭和38年
撮影：荻原二郎

▶梅ヶ丘駅
連続立体交差化の工事により、いち早く高架駅となった梅ヶ丘駅。複々線化対応のため、相対式ホームの内側に通過線が設けられている。

▲世田谷代田駅のホーム
地上駅だった頃の世田谷代田駅のホーム。相対式2面2線の構造で、駅舎は下りホーム側にあり、跨線橋で結ばれていた。

◀世田谷代田駅
連続立体交差化により、地下駅となった世田谷代田駅だが、自動券売機(出札)、改札口は地上駅舎の中に設けられている。

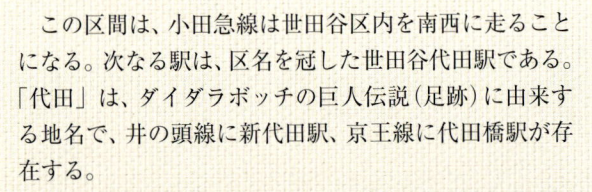

現在

この区間は、小田急線は世田谷区内を南西に走ることになる。次なる駅は、区名を冠した世田谷代田駅である。「代田」は、ダイダラボッチの巨人伝説(足跡)に由来する地名で、井の頭線に新代田駅、京王線に代田橋駅が存在する。

世田谷代田駅は、昭和2(1927)年4月に世田ヶ谷中原駅として開業した。現在の駅名に改称したのは、昭和21年8月である。この駅と井の頭線の新代田駅の間には、戦時中から戦後にかけて、戦災で車両が大きな被害を受けた井の頭線に、小田急線の車両を送り込む代田連絡線が存在していた。現在、東北沢～梅ヶ丘間で連続立体交差化が進行しており、平成25(2013)年3月に地下ホームをもつ駅となった。

梅ヶ丘駅は小田急小田原線の開通後、7年が経過した昭和9年4月に開業した。このときは将来の東京山手急行電鉄(未成線)との接続を予定し、島式ホーム1面の構造で、昭和37年に相対式ホームに変わった。現在は相対式ホーム2面4戦の高架駅となっている。「梅ヶ丘(梅丘)」の地名、駅名の由来は不詳で、駅付近には梅の名所である羽根木公園が存在するが、ここの梅の木は後に植えられたものである。また、古墳の存在から「埋め丘」から「梅ヶ丘」に変わったという説もある。

▶世田谷代田駅付近

世田谷代田駅付近の踏切をいま、列車が通過する。雑貨・荒物店の看板、トラックの姿に過ぎ去った時代が感じられる。連続立体交差化が進んで、もうこうした風景は見られない。

昭和38年
撮影：荻原二郎

▲梅ヶ丘駅

小田急では珍しい島式ホームでスタートした梅ヶ丘駅は昭和37年に相対式ホームとなり、駅の姿も変わった。奥には新しい跨線橋が見える。

昭和38年
撮影：荻原二郎

▲梅ヶ丘付近の1101＋1002

旅客用デハ1101を荷物電車に改装したデニ1100形。中央扉付近が改造されている。当時この付近の空は広かった。

昭和40年
撮影：J.WALLY HIGGINS

▲梅ヶ丘付近の貨物車を牽引するED1041号

貨物輸送の主力として活躍していた中日本重工三菱電機製の箱型電気機関車。当時は小田急に限らず貨物列車は各線区で運行されていた。

昭和34年
撮影：J.WALLY HIGGINS

古地図探訪　世田谷代田駅、梅ヶ丘駅付近

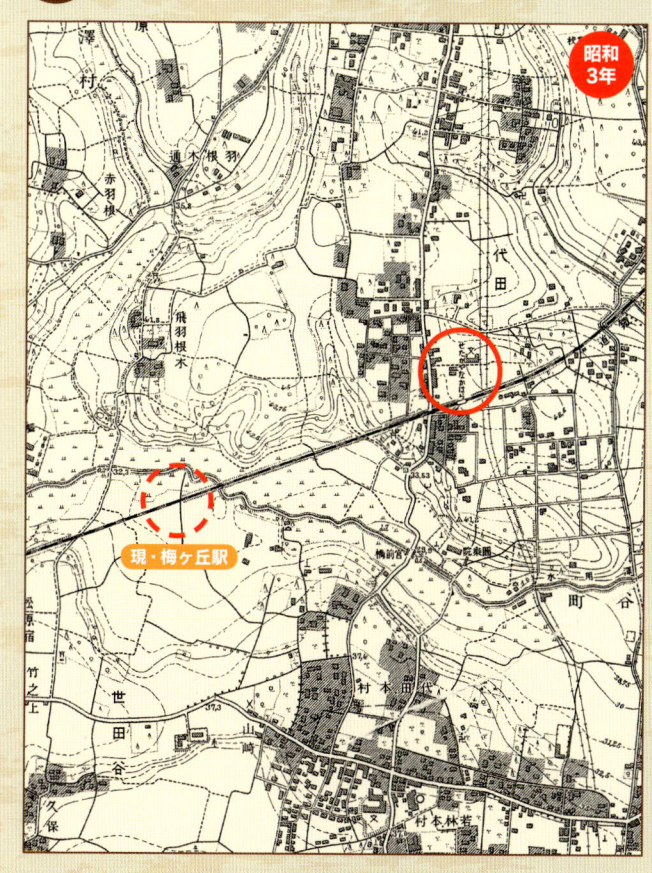

昭和3年

現・梅ヶ丘駅

この地図上の小田急線には、世田ヶ谷中原駅しか存在せず、現在は世田谷代田駅に変わっている。一方、梅ヶ丘駅は昭和9年の開業であるため、未掲載である。世田ヶ谷中原駅の東側には、昭和2年に東京市が策定した「大東京道路網計画」のひとつだった「環七通り」が点線で描かれており、現在は地下駅となった世田谷代田駅の西側を走っている。地図の南側には「代田本村」「若林本村」などの地名が存在する。一方、小田急線の北側には「飛羽根木」「赤羽根」といった、現在の「羽根木」につながる地名が多く残っていた。

新宿区 | 渋谷区 | 世田谷区 | 狛江市 | 川崎市多摩区 | 川崎市麻生区 | 町田市 | 相模原市南区

Gotokuji St. / Kyodo St.

豪徳寺、経堂

豪徳寺で、東急世田谷線山下駅と接続
経堂には小田急の工場、検車区があった

【豪徳寺駅】

開業年	昭和2(1927)年4月1日
所在地	東京都世田谷区豪徳寺1-43-4
キロ程	7.0キロメートル（新宿起点）
駅構造	高架駅
ホーム	2面4線
乗降人数	25,796人

【経堂駅】

開業年	昭和2(1927)年4月1日
所在地	東京都世田谷区経堂2-1-3
キロ程	8.0キロメートル（新宿起点）
駅構造	高架駅
ホーム	2面5線
乗降人数	72,769人

経堂付近（昭和38年）
当時、田園風景の経堂付近を走る1900形。外部塗装は栗色から黄＋青に、さらに昭和49年以降は、白に青帯に変更された。
撮影：荻原二郎

経堂駅のホーム（昭和34年）
小田急経堂工場・経堂検査区があった頃の経堂駅のホーム風景。新宿方面、成城学園前方面の列車が仲良く並んでいる。
撮影：荻原二郎

豪徳寺駅
早い時期から盛土の上に設けられたホームをもつ駅だった豪徳寺駅。階段を上がって改札口に向かう人、駅で降りた人が交差する昭和の光景である。

豪徳寺駅北口（現在）
現在は複々線化された高架区間の駅となっている豪徳寺駅。駅前の空間は狭く、バス停などは設けられていない。

豪徳寺駅（昭和38年）
撮影：荻原二郎

　「豪徳寺」の駅名は、駅の南側に存在する古刹、大谿山豪徳寺に由来する。この寺は彦根藩井伊家の菩提寺で、二代目藩主・直孝にちなむ「招き猫」の言い伝えが残されている。元は臨済宗だったが、後に曹洞宗に変わり、直孝が伽藍を整備し、直孝の戒名が寺号に付けられた。
　豪徳寺駅は昭和2(1927)年4月の開業で、駅のすぐ西で東急世田谷線と接続している。現在の世田谷線は、玉川電気鉄道（玉電）の支線として、大正14(1925)年に開業。隣接する山下駅は同年5月に開業した。この駅名に豪徳寺が付けられていないのは、当時、別に豪徳寺前駅が存在したからである。豪徳寺駅周辺では毎年暮れと新年に、世田谷ボロ市が開催され、大いに賑いを見せる。
　次の経堂駅も同じ昭和2年4月の開業。かつては小田急の経堂工場、経堂検車区が存在したが、後に喜多見検車区に移転している。その跡地は再開発され、経堂テラスガーデン（経堂コルテ）となっている。「経堂」の地名、駅名の由来は諸説あるが不詳である。
　この駅周辺には、大学や学校が多く存在するが、最も有名なのは東京農業大学で、駅前から続く農大通り（商店街）もよく知られている。東京農大は昭和21年、青山から移転してきた。秋に行われる、この大学の収穫祭は名物の大根踊りで知られ、多くの人で賑いを見せる。

現在	▶経堂駅
	半世紀以上前の経堂駅は、現在の姿からは想像できないほど簡素な構造の木造駅舎を有していた。左手奥では駅の改良工事が行われていた。

◀経堂駅北口
広々とした空間が開ける経堂駅の北口駅前。かつて車庫、工場があった跡地には、ショッピングセンター「経堂コルティ」が存在する。

昭和35年
撮影：荻原二郎

古地図探訪

豪徳寺駅、経堂駅付近

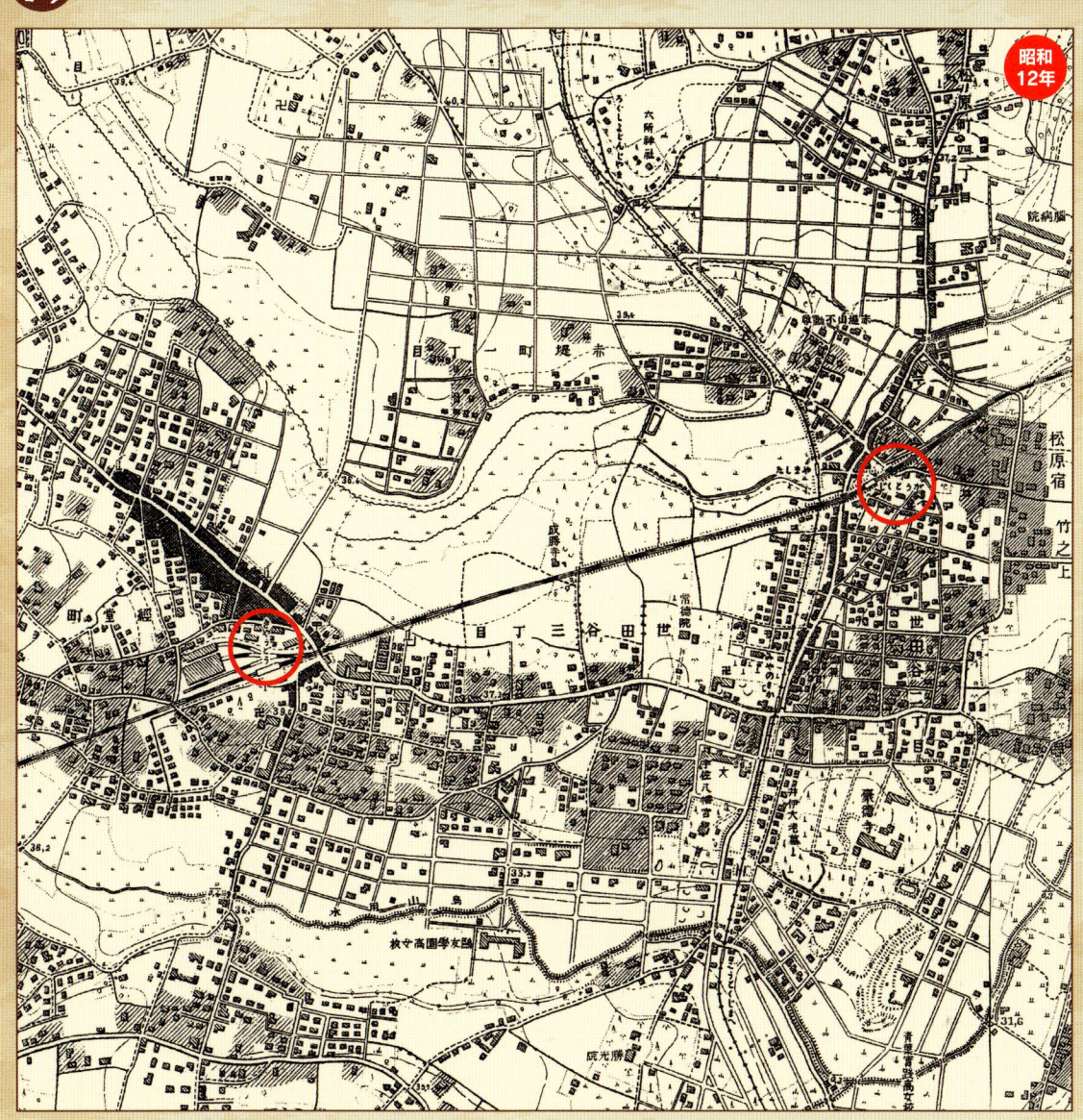

昭和12年

昭和7年に世田谷区が成立した後の地図であり、豪徳寺駅付近に世田谷2・3丁目、経堂駅付近に経堂町の文字が見える。両駅付近と小田急線の南側を走る都道423号（滝坂道）沿いには、家屋が多く存在するものの、線路の両側には家屋がほとんど見えない。両駅の中間付近、線路の北側には京都から江戸に移転し、浄土真宗本願寺派の寺院となった、伏見山成勝寺がある。豪徳寺の南側には、駅名の由来となった豪徳寺と井伊大老墓、宇佐八幡宮が見える。その南西には、昭和10年に鷗友学園が世田谷高等女学校、技芸女学校を引き継いだ高等女学校が存在していた。

Chitose-Funabashi St. / Soshigaya-Okura St.
千歳船橋、祖師ヶ谷大蔵

千歳村、船橋村の歴史から、千歳船橋
祖師ヶ谷大蔵駅前に、ウルトラマン通り

【千歳船橋駅】

開業年	昭和2(1927)年4月1日
所在地	東京都世田谷区船橋1-1-5
キロ程	9.2キロメートル(新宿起点)
駅構造	高架駅
ホーム	2面4線
乗降人数	54,885人

【祖師ヶ谷大蔵駅】

開業年	昭和2(1927)年4月1日
所在地	東京都世田谷区祖師谷1-7-1
キロ程	10.6キロメートル(新宿起点)
駅構造	高架駅
ホーム	2面4線
乗降人数	46,510人

昭和38年
撮影:荻原二郎

▲千歳船橋駅
地上駅だった頃の千歳船橋駅の駅前には狭いスペースしかなかった。右手には、小さな駅前交番(派出所)と売店が仲良く並んで建っている。

現在

◀千歳船橋駅
平成15年に完成した現在の千歳船橋駅。高架化された下には、南北を結ぶ通路が設けられている。

昭和44年
撮影:荻原二郎

▲高架複々線工事
千歳船橋~祖師ヶ谷大蔵間の高架複々線工事進捗を知らせるポスター。

▶祖師ヶ谷大蔵駅北口
平成12年から使用されている現在の祖師ヶ谷大蔵駅の駅舎。駅前は広くないものの、南北にバス停留所が存在する。

現在

　「千歳船橋」の駅名は、「千歳」と「船橋」が組み合わされて成立した。明治22(1889)年4月、当時の神奈川県北多摩郡に烏山村、船橋村などが合併して、千歳村が誕生。明治26年に東京府に移管された後、昭和11(1936)年に東京市(現・東京都)に編入され、世田谷区の一部となった。「千歳」の村名は「千歳台」の地名として残り、環八通りを境にして、湿地帯に架けられた橋が由来の「船橋」の地名も残されている。また、北側を走る京王線には、千歳烏山駅が置かれている。

　この環八通りを挟んで存在する千歳船橋駅と祖師ヶ谷大蔵駅は、ともに昭和2年4月、小田急線の開通時に開業している。現在は両駅ともに高架駅となっている。

　次の祖師ヶ谷大蔵駅も、「祖師ヶ谷」と「大蔵」という2つの地名を合わせて命名された。「祖師ヶ谷」はかつての千歳村にあり、「大蔵」は砧村にあった。「祖師ヶ谷」の地名の由来は複数あり、ここにあった地福寺の祖師堂からという説、豪族の粕谷氏が日蓮上人の像を祀ったからという説などである。また、「大蔵」の地名も、「大蔵卿」にまつわるとされるが、諸説が存在する。

　この駅のそばには、特撮映画で有名な円谷英二が住宅を構えていた。彼は円谷特技研究所(プロダクション)を設け、「ウルトラマン」などの作品を生み出したことから、駅周辺に「ウルトラマン商店街」が誕生しており、駅構内にはウルトラ兄弟が掲示されている。

昭和39年

撮影：J.WALLY HIGGINS

🚶 千歳船橋付近の特急「あしがら」

SE車3000形のロマンスカー。ヘッドライト周辺は製造時の姿であり、その後、晩年時の正面スタイルはかなり変化した。

昭和38年

撮影：荻原二郎

🚶 祖師ヶ谷大蔵駅

買い物客などが行き交う祖師ヶ谷大蔵駅の駅前。駅の周辺には、その後「ウルトラマン商店街」と名付けられる商店街などが広がる。

昭和44年

撮影：山田虎雄

🚶 千歳船橋駅

駅前交番が目を光らせていた千歳船橋駅の駅前風景。周辺にもそろそろビルが建ち始めていた。

🚶 古地図探訪

千歳船橋駅、祖師ヶ谷大蔵駅付近

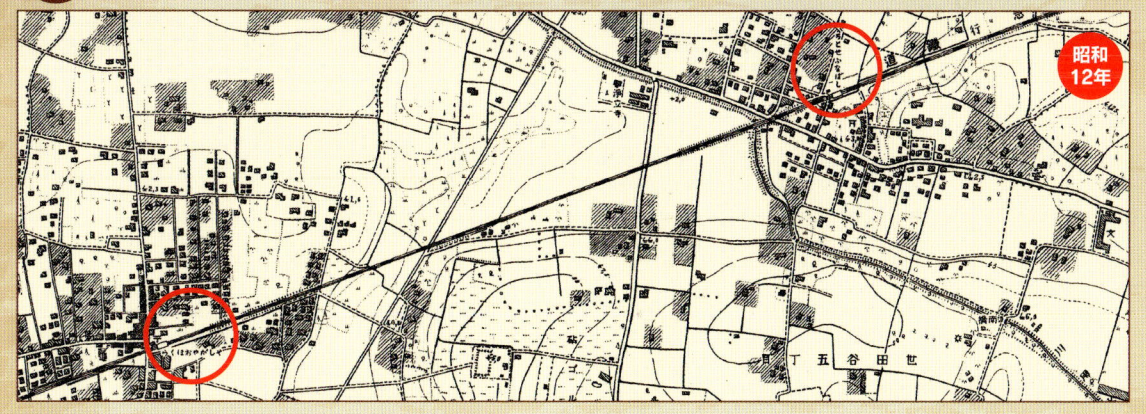

昭和12年

この時期、経堂方面から進んできた小田急線の沿線には、住宅の数がだんだんと少なくなっていく。その分、農地が広がる形になるが、この地図では中央部分、線路の南側に砧ゴルフ場が存在している。このゴルフ場は昭和8年に誕生し、その後に廃止された。千歳船橋駅の北側には、上智大学運動場もあった。この付近には昭和17年、東京府立第十九高等女学校が開校し、現在は都立千歳丘高校となっている。千歳船橋駅の南側に見える「鳥居」の地図記号は稲荷森稲荷神社で、駅の北東には天祖神社、西側には浄立寺が存在する。

新宿区 / 渋谷区 / 世田谷区 / 狛江市 / 川崎市多摩区 / 川崎市麻生区 / 町田市 / 相模原市南区

21

Seijogakuen-mae St. / Kitami St.

成城学園前、喜多見

成城学園前は、学園要請で急行停車駅
喜多見に江戸氏、江戸時代は喜多見藩

【成城学園前駅】

開業年	昭和2(1927)年4月1日
所在地	東京都世田谷区成城6-5-34
キロ程	11.6キロメートル(新宿起点)
駅構造	地下駅
ホーム	2面4線
乗降人数	86,518人

【喜多見駅】

開業年	昭和2(1927)年4月1日
所在地	東京都世田谷区喜多見9-2-26
キロ程	12.7キロメートル(新宿起点)
駅構造	高架駅
ホーム	2面4線
乗降人数	31,963人

昭和38年

撮影:荻原二郎

◀成城学園前駅のホーム
島式2面4線のホームを有していた頃の成城学園前駅。この手前には橋上駅舎が存在していた。右手のホームには資材が置かれ、工事中だったことがわかる。

現在

▶喜多見駅南口
駅前にサミットストア喜多見駅前店が建つ喜多見駅南口。駅の高架下には、商業施設「小田急マルシェ喜多見」がある。

◀成城学園前駅西口
地下駅である成城学園前駅の上には、4階建ての商業施設「成城コルティ」が建つ。平成18年にオープンした。

現在

　平日の朝夕には、下北沢の次の急行停車駅となるのが「成城学園前」である。この駅は開業当時、成城学園の要請で設置されたもので、急行を停車させることも条件のひとつだった。成城学園は大正6(1917)年、当時の牛込区にあった成城学校内に創設された成城小学校に始まり、大正14年に成城第二中学校が現在地に移転、幼稚園、小学校、高校、大学をもつ総合学園に発展した。
　昭和2(1927)年4月の小田急開通時、この地に成城学園の名を冠した成城学園前駅が誕生した。駅の周辺には、学園とともに高級住宅地が出来上がり、やがて東宝撮影所もオープンした。

　成城学園前駅は昭和7年、小田急初の橋上駅舎となっている。その後、平成14(2002)年にホームは地下に移り、現在は複々線化された島式ホーム2面4線の地下駅となっている。
　世田谷区内で最後の駅となるのが、次の喜多見駅である。成城学園前駅との間には、平成6年に開設された喜多見検車区(現・喜多見電車基地)が存在する。喜多見駅の開業も昭和2年4月である。
　「喜多見」の地名はかつて、「木田見」「木多見」とも記され、江戸城を築いた江戸氏が移り住んだ場所としても知られる。江戸時代には一時、喜多見藩が存在した。

▲成城学園前駅ホーム 昭和44年

相模大野行きの2400形電車が成城学園前駅に停車している。この車両は高性能経済車ハイエコノミカルカー、略してHE車と呼ばれた。

撮影：荻原二郎

▲喜多見付近を走る1900形 昭和31年

小田急戦後初の新造車両。当時としては洗練されたスタイルの車両であり、この形式は輸送量増大により幾度かの改造が施された。小田急引退後は富士急行や伊予鉄道などに譲渡された。

撮影：荻原二郎

古地図探訪

成城学園前駅、喜多見駅付近

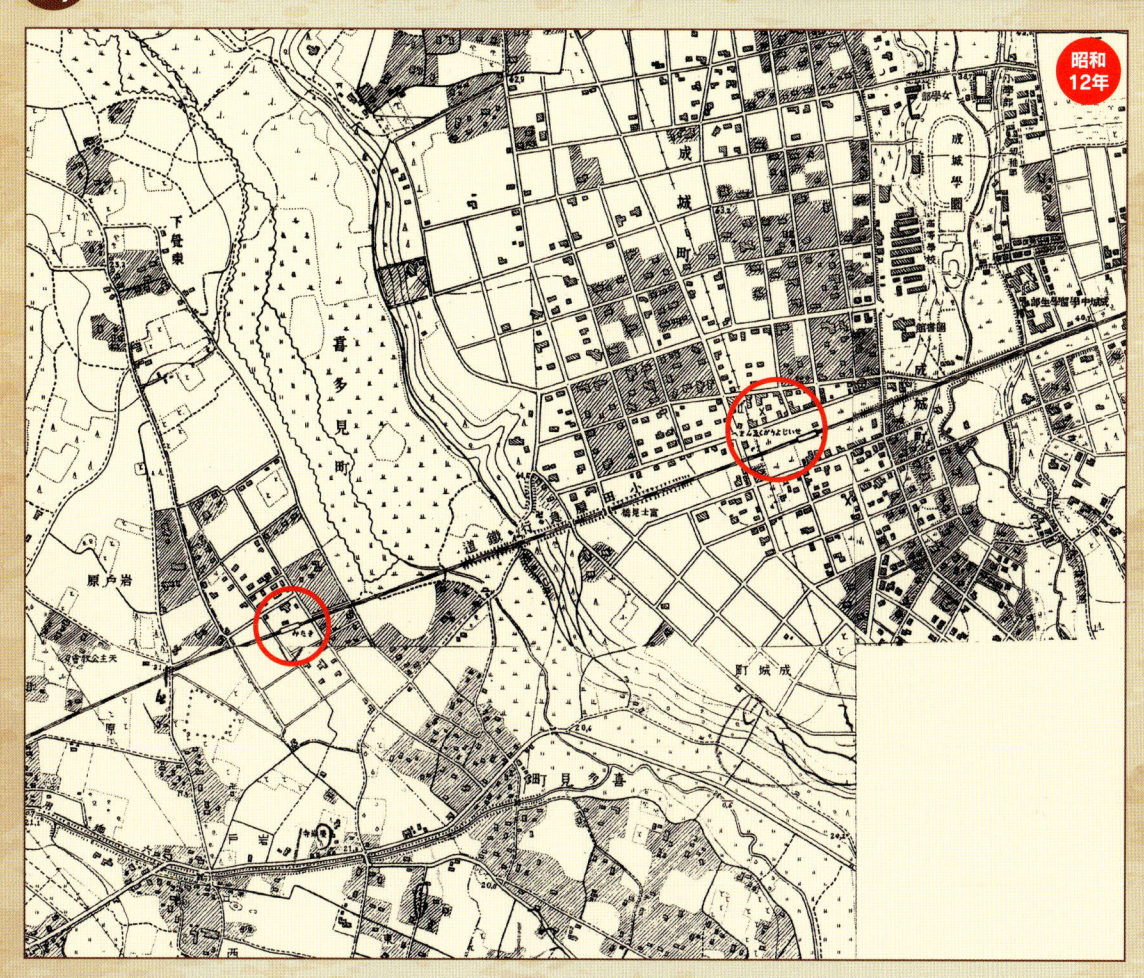

昭和12年

　成城学園前駅の北東には、駅名の由来となった成城学園の校地が広がり、図書館、高等学校、女学部、小学部、幼稚部、成城中学留学生部などの建物が見える。その間には、仙川の流れがあり、やがて駅の南側で野川に注ぐ。一方、西側の喜多見駅との中間付近には、野川の流れがあり、現在はその西側に小田急電鉄喜多見電車基地が開設されている。このあたりの小田急線の南側には、世田谷通りがカーブしながら西に延びている。喜多見駅から少し離れた南側の狛江市内、世田谷通りの北には浄土宗の寺院、慶岸寺があり、幼稚園が併設されている。

新宿区　渋谷区　世田谷区　狛江市　川崎市多摩区　川崎市麻生区　町田市　相模原市南区

23

Komae St. / Izumi-Tamagawa St.

狛江、和泉多摩川

市内には小田急の狛江、和泉多摩川駅
狛江の地名は渡来人の「高麗」に由来

【狛江駅】

開業年	昭和2(1937)年5月27日
所在地	東京都狛江市東和泉1-17-1
キロ程	13.8キロメートル(新宿起点)
駅構造	高架駅
ホーム	2面4線
乗降人数	44,158人

【和泉多摩川駅】

開業年	昭和2(1927)年4月1日
所在地	東京都狛江市東和泉4-2-1
キロ程	14.4キロメートル(新宿起点)
駅構造	高架駅
ホーム	2面4線
乗降人数	15,264人

昭和50年

狛江駅のホーム
新宿行きの普通列車がやってきた狛江駅の2番線ホーム。ホームの上には思い思いの表情で列車を待つ人の姿がある。奥には無造作に積まれた煉瓦に腰掛ける人も。

提供:狛江市教育委員会

狛江駅
高架駅になる前の狛江駅の駅前風景。横に赤電話が置かれた売店付近は、人々が集まり賑いを見せている。奥にはホームを結んでいた跨線橋がある。

現在

狛江駅北口
狛江エコルマホール(狛江市民ホール)が建つ狛江駅の北口。高架下には、啓文堂書店などが入る「小田急マルシェ」がある。

昭和30年代後半

提供:狛江市教育委員会

　東京都で面積が最も小さく、全国でも蕨市(埼玉県)に次いで2番目に狭いのが狛江市。市内には狛江と和泉多摩川の2駅が存在し、両駅の距離はわずか0.6kmである。狛江市には他線の鉄道駅は存在せず、狛江駅が狛江市役所の最寄り駅となっている。

　「狛江」は、大陸(百済)から渡来した人々の「高麗」に由来するとされ、この地には狛江古墳群が存在する。明治22(1889)年に駒井村、和泉村などが合併し、狛江村が誕生し、昭和27(1952)年11月に狛江町、昭和45年10月に市制を施行して、狛江市となった。小田急の狛江駅が置かれたのは、小田急小田原線の開通から1カ月余りたった昭和2年5月である。

　小田急線の東京都内最後の駅である「和泉多摩川」は、多摩川を隔てて、川崎市多摩区内の登戸駅と対面する形で存在する。駅の開業は昭和2年4月。現在は相対式ホーム2面4線の高架駅となっている。駅名は「和泉」と「多摩川」が合体したもので、登戸駅の開業時の駅名である「稲田多摩川」に合わせる形で名づけられた。明治22年に狛江村の一部となる前には、和泉村が存在し、現在も地名、駅名として名前が残る形となった。

▶和泉多摩川駅ホームと踏切

左手には和泉多摩川駅の改札口が見え、奥にはホーム、跨線橋がある。踏切の遮断機は降りており、列車通過を待つ自動車がのぞく。

昭和55年頃

提供：狛江市教育委員会

▲多摩川橋梁と河川敷

長い多摩川の橋梁を小田急の列車が走り抜ける。手前のボート乗り場には、川遊びのために集まった家族連れ、自動車が見える。

昭和54年

提供：狛江市教育委員会

現在

▲和泉多摩川駅北口

南側にロータリーがある和泉多摩川駅の北口駅前。駅舎の高架下には、小田急マルシェ和泉多摩川がある。

昭和57年

撮影：荻原二郎

▲和泉多摩川駅ホーム

元特急車の1700形である。SE3000形が登場する前はこの車両がロマンスカーの役目を担っていた。現在は高架の和泉多摩川駅も当時はのどかであった。

🚶 古地図探訪　狛江駅、和泉多摩川駅付近

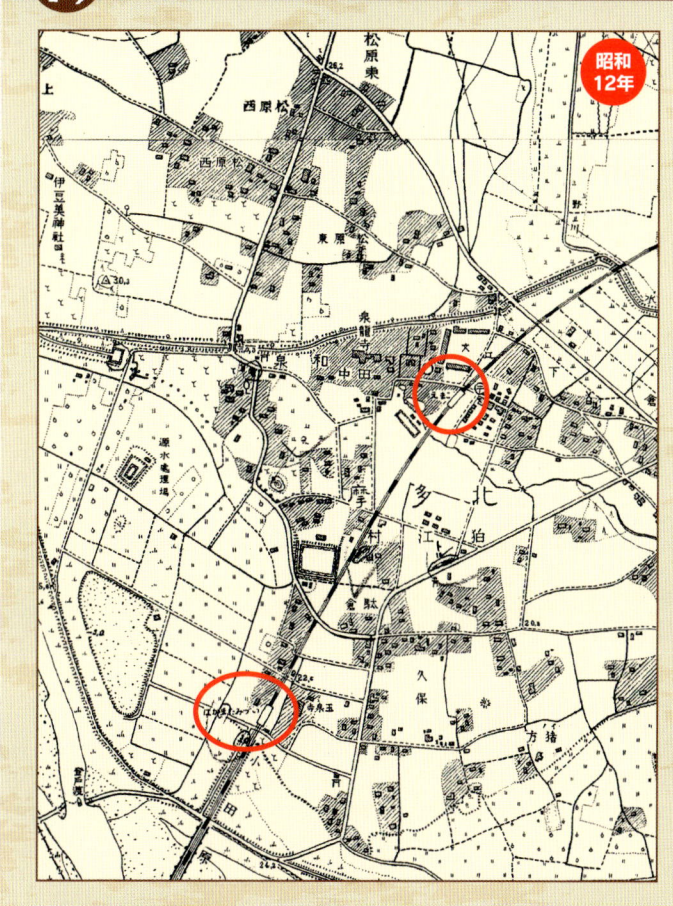

昭和12年

世田谷通り、狛江通りと都道114号に囲まれた四角形の中の中心付近に置かれているのが、小田急線の狛江駅である。駅の西側には、狛江村（当時）の村役場が見えるが、現在の狛江市役所は北東に移転している。役場の西側には曹洞宗の寺院、泉龍禅寺が存在する。この寺には、「和泉」の地名の由来となった弁財天池があり、良弁僧正が雨乞いをした場所と伝わる。一方、和泉多摩川駅の西側の多摩川には「登戸渡」の文字が見え、多摩水道橋が架橋される前の渡し舟があった。駅の東側には天台宗の寺院、玉泉寺がある。

新宿区　渋谷区　世田谷区　狛江市　川崎市多摩区　川崎市麻生区　町田市　相模原市南区

25

Noborito St. / Mukogaoka-yuen St.
登戸、向ヶ丘遊園

多摩川を渡り、登戸駅でJR南武線接続
向ヶ丘遊園跡地はバラ園、マンガ美術館

【登戸駅】

開業年	昭和2（1927）年4月1日
所在地	神奈川県川崎市多摩区登戸2417
キロ程	15.2キロメートル（新宿起点）
駅構造	高架駅
ホーム	2面3線
乗降人数	159,445人

【向ヶ丘遊園駅】

開業年	昭和2（1927）年4月1日
所在地	神奈川県川崎市多摩区登戸2098
キロ程	15.8キロメートル（新宿起点）
駅構造	地上駅
ホーム	2面4線
乗降人数	64,411人

昭和38年

◆登戸駅
地上駅だった頃の小田急の登戸駅。この頃は相対式ホーム2面2線をもつ構造だった。左側にはホームを連絡する跨線橋の姿がある。
撮影：荻原二郎

現在

◆登戸駅
JR南武線と交差、連絡する小田急の登戸駅。高架駅で、ペデストリアンデッキと直結する2階に改札口があるが、両者の間には約3メートルの段差が存在する。

昭和29年

◆稲田登戸付近
1706を先頭にした特急「はこね」。当時は近郊区間電車のほとんどが当駅で折り返しをしていた。この撮影時の翌年に向ケ丘遊園に駅名改称された。
撮影：竹中泰彦

現在

▶向ヶ丘遊園駅北口
現在もギャンブレル屋根をもつ、瀟洒な駅舎が残る向ヶ丘遊園駅。遊園地は姿を消したが、行楽地の玄関口の表情を保っている。

　川崎方面から延びてきたJR南武線と接続するのが登戸駅である。小田急の登戸駅は昭和2（1927）4月に開業し、このときの駅名は「稲田多摩川」だった。その後、昭和30年4月に隣の稲田登戸駅が向ヶ丘遊園駅に改称されるのと同時に登戸多摩川駅に改称された。現在の駅名である。登戸になったのは、さらに3年後の昭和33年4月のことだ。

　一方、JRの登戸駅は昭和2年3月、私鉄である南武鉄道の駅として開業している。昭和19年4月、南武鉄道が国有化され、国鉄の駅となった。「登戸」の地名、駅名の由来は、「のぼりくち」という意味で日本各地に存在し、この地の場合は多摩丘陵への登り口だったとされる。鉄道の駅名として、京成千葉線には西登戸駅があるが、こちらは「にしのぶと」である。

　向ヶ丘遊園駅は昭和2年4月、稲田登戸駅として開業した。開業時には、川崎市に合併する前の稲田町にあった。駅名の由来となる向ヶ丘遊園は当時、駅に近い向丘村に開園した遊園地で、駅から遊園地まで豆汽車が運行されていた。この豆汽車は昭和41年4月、向ヶ丘遊園モノレールに変わった。平成14（2002）年3月、遊園地は閉園され、跡地はバラ園、藤子・F・不二雄ミュージアムなどに変わっている。

🔺登戸駅上りホーム 昭和38年
小田急が開通したころ、この多摩川べりで「多摩川梨」が誕生した。川崎の梨の歴史は古く、江戸初期に栽培が始まったとされる。

🔺向ケ丘遊園駅ホームの1600形 昭和37年
撮影：荻原二郎
1600形は昭和17年に川崎車輌製で登場した。当時は戦時体制の情勢で軍の兵器を集中生産している時期であったが、政府の特別の配慮があり列車が新造されたと言われている。

🔺モノレール 昭和57年
撮影：江本廣一
昭和41年に開業。向ケ丘遊園駅と向ケ丘遊園正門前間の1.1kmを結び、平成13年まで活躍した。

🚶 古地図探訪
登戸駅、向ケ丘遊園駅付近

昭和12年

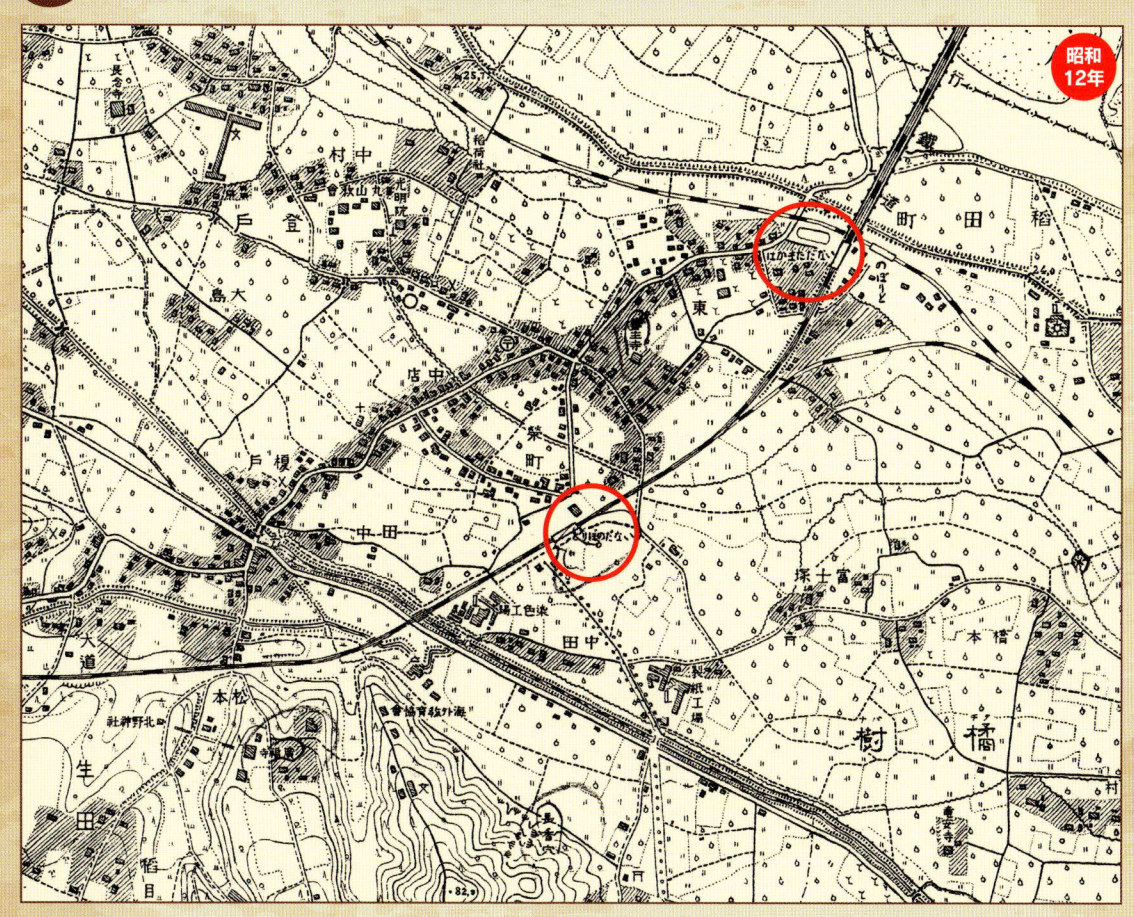

　この地図ができた当時、小田急線には、「稲田多摩川」と「稲田登戸」という駅が存在した。これらの駅名に付けられた「稲田」は、昭和13年まで存在した「稲田町（村）」に由来する。一方、南武鉄道（現・JR南武線）には、昭和2年に登戸駅が開業している。現在は、稲田登戸駅に代わり、向ヶ丘遊園駅が誕生している。稲田登戸駅の南側に延びる府中街道（神奈川県道9号）はほぼ現在の形だが、現在の多摩署前で交差する津久井道（神奈川県道3号）は曲がりくねった整備前の姿を見せている。地図の中央上（北）、現在の多摩区役所がある場所には、稲田町役場が存在した。地図右上の南武鉄道線と結ばれている連絡線は砂利輸送や車両の貸し借りにも利用された。

27

Ikuta St.
生田
いくた

上菅生・五反田の
村名末尾から「生田」
開業当時に誘致合戦、駅名は「東生田」

【生田駅】
開業年	昭和2(1927)年4月1日
所在地	神奈川県川崎市多摩区生田7-8-4
キロ程	17.9キロメートル(新宿起点)
駅構造	地上駅(橋上駅)
ホーム	2面2線
乗降人数	44,606人

🔵東生田駅 〈昭和38年〉
「東生田駅」の駅名看板を掲げた、昭和38年当時の生田駅。緑の木々に囲まれた静かな雰囲気の中に建っていた。駅前(右側)には昭和3年、小田急の利光鶴松社長による開業記念の石碑が建つ。
撮影:荻原二郎

🔵生田駅 〈現在〉
橋上駅舎をもつ地上駅である生田駅。明治大学、専修大学などのキャンパスがあり、駅前には若者の姿も多い。

🔵東生田駅ホーム 〈昭和38年〉
ED1030形電気機関車は昭和5年に製造され、貨物輸送に活躍。平成9年に廃車となり、小田急電鉄の本線上を走る電気機関車はなくなった。
撮影:荻原二郎

🔵枡形山 〈現在〉
生田緑地として整備されている枡形山は桜の名所で、春のお花見シーズンには、多くの人がやってくる。

生田駅は昭和2(1927)年4月、東生田駅として開業した。このとき、現在の読売ランド前駅は、「西生田」という駅名だった。昭和39年3月、両駅は「生田」と「読売ランド前」に駅名を改称した。

これは、当時の生田村で駅の誘致合戦があり、結局、村の東西に2つの駅を設置したことによる。この生田村は明治8(1875)年、上菅生村と五反田村が合併した際に、両村の末尾から「生」と「田」の一文字ずつを取り、新しい村の名前としたことによる。昭和13年10月、川崎市に編入されるまで存在した。

戦前、駅の南東には陸軍の登戸研究所があり、この駅は主に陸軍関係者が利用していた。戦後、跡地は慶應義塾大学工学部が使用していたが、日吉キャンパスへの移転により、明治大学の生田キャンパスとなった。また、生田緑地に近い南東側には専修大学生田キャンパスがあり、現在の駅の利用客は学生が多い。

昭和29年

東生田駅付近

当時の東生田駅（現在の生田駅）付近、山麓の田園地帯の中を走り抜ける小田急の列車。車窓に写るのは落ち着いたシルエットで、ラッシュとは無縁の風景だった。

撮影：竹中泰彦

昭和29年

東生田付近

上の写真と同じ場所を走るED1030形電気機関車。足柄の専売公社貨物輸送等は昭和58年度で終了したが、その後も自社の新車輸送等に使用された。

撮影：竹中泰彦

古地図探訪
生田駅付近

地図の南側を東西に小田急線が走り、北側には南武鉄道（現・JR南武線）の線路が見える。小田急線には東生田駅があり、現在は生田駅に変わっている。駅の北側には、当時の生田村役場があり、2つの「文」の地図記号が見える。明治6年には現在の川崎市立生田小学校が開校し、現在は昭和52年に開校した神奈川県立生田東高校、昭和55年に開校した川崎市立枡形中学校が東側に存在する。一方、南武鉄道には、中野島駅が置かれている。この駅は昭和2年、中野島停留場として開業し、昭和4年に駅に昇格している。

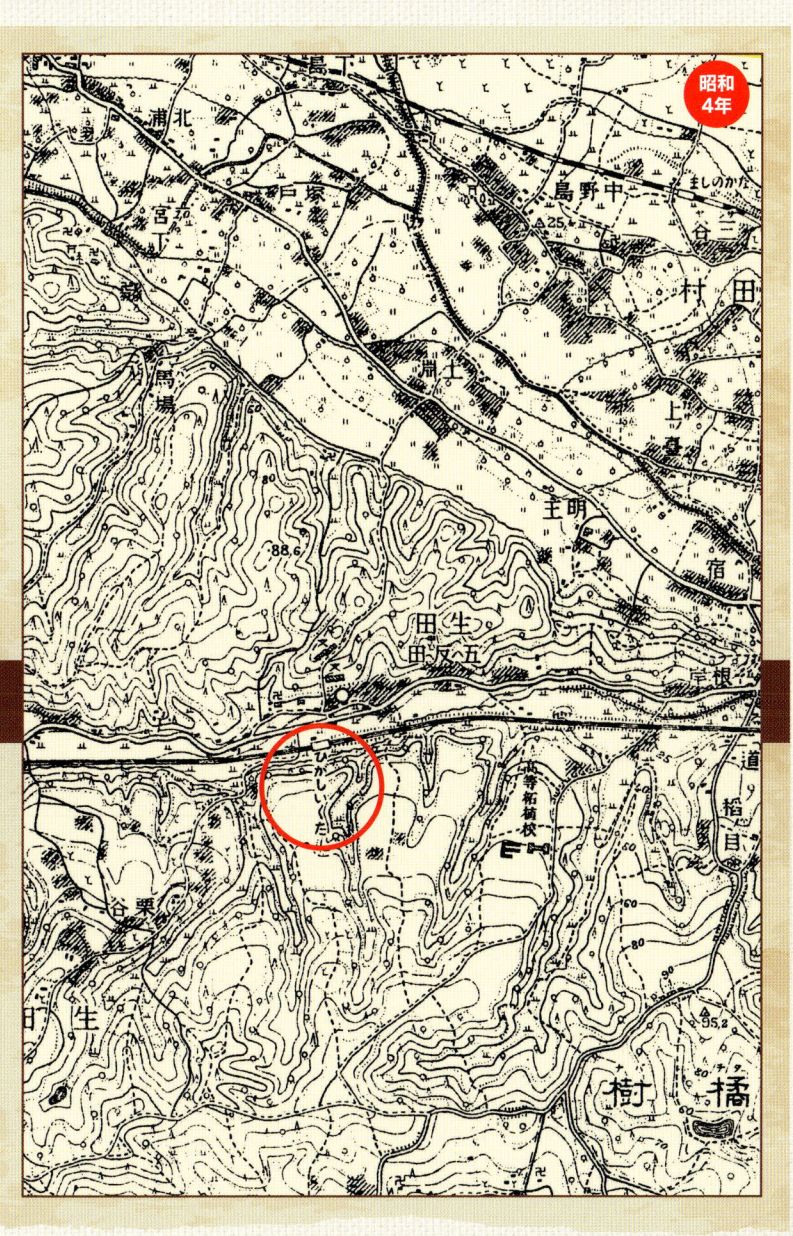

昭和4年

新宿区　渋谷区　世田谷区　狛江市　川崎市多摩区　川崎市麻生区　町田市　相模原市南区

29

Yomiuri-Land-mae St. / Yurigaoka St.
読売ランド前、百合ヶ丘

開業時の「西生田」から読売ランド前に
山百合が茂る野を開発、百合ヶ丘駅誕生

【読売ランド前駅】

開業年	昭和2(1927)年4月1日
所在地	神奈川県川崎市多摩区生田3-8-1
キロ程	19.2キロメートル(新宿起点)
駅構造	地上駅
ホーム	2面2線
乗降人数	34,110人

【百合ヶ丘駅】

開業年	昭和35(1960)年3月25日
所在地	神奈川県川崎市麻生区百合丘1-21-1
キロ程	20.5キロメートル(新宿起点)
駅構造	地上駅[橋上駅]
ホーム	2面2線
乗降人数	21,125人

◀西生田駅 （昭和38年）

「読売ランド前」に駅名が改称される前の西生田駅。よみうりランドの開園、住宅地としての本格的な開発が始まる前で、利用者はそれほど多くなかった。

撮影：荻原二郎

▶百合ヶ丘駅 （昭和38年）

開業して間もない頃の百合ヶ丘駅の駅舎である。開業当初から、掘割部分に線路、ホームがあるため、橋上駅舎として建設された。右側には連絡跨線橋が見える。

◀読売ランド前駅南口 （現在）

遊園地の玄関口らしい、改札口の多い横長の構造をもつ読売ランド前駅。上下線のホームは、跨線橋で掛ばれている。

撮影：荻原二郎

　東京都稲城市と川崎市多摩区にまたがる遊園地「よみうりランド」は昭和39(1964)年に開園している。この読売ランド前駅は、小田急線の最寄り駅であるが、昭和39年3月までは、西生田駅を名乗っていた。なお、昭和46年に開業した京王相模原線の最寄り駅は、京王よみうりランド駅という、ひらがな表記の駅名を採用している。

　この読売ランド前の隣駅は長い間、柿生駅だったが、昭和30年代に百合ヶ丘駅、40年代に新百合ヶ丘駅が開業して、地域住民の利便性が増した。このうち、百合ヶ丘駅は昭和35(1960)年3月の開業である。

　駅周辺では昭和35年から、日本住宅公団により住宅地開発が行われ、百合丘団地が開かれた。「百合丘」の地名は、この場所にヤマユリ(山百合)の花が咲き乱れていたことによる。また、地主約100人が力を合わせたことも「百合」の地名につながったとされる。現在も地名や駅名などに、「百合丘」「百合ヶ丘」の双方が使用されている。

　百合ヶ丘駅は昭和56年3月、新しい橋上駅舎が完成し、南北自由通路が使用できるようになった。駅の構造は相対式ホーム2面2線を有する地上駅である。

昭和63年

▲読売ランド前駅
平成7年に現在の駅舎に改築される前まで使用されていた旧駅舎。この頃には周辺にも住宅地が広がり、商業施設も誕生していた。

昭和44年

▲百合ケ丘駅
新興住宅地の玄関口として発展途中だった頃の百合ヶ丘駅。丘陵地に次々と開発されていく新しい住宅が見える。

昭和4年

古地図探訪
読売ランド前駅、百合ヶ丘駅付近

　小田急線には、西生田駅が存在し、昭和39年に読売ランド前駅に駅名を改称している。現在、駅の北側には日本女子大学人間社会学部、日本女子大学付属高校などが誕生している。よみうりランドの園地は、その北西に広がっている。また、この時期には、百合ヶ丘駅は開業していなかった。地図上では、「高石」の文字がある北側の丘の上に「鳥居」の地図記号が見えるが、これは高石神社であり、現在はこの周辺にライオンズガーデン百合ヶ丘、百合ヶ丘シティハイツなどが誕生している。神社の南側の線路上に昭和35年、百合ヶ丘駅が開業した。

新宿区 渋谷区 世田谷区 狛江市 川崎市多摩区 川崎市麻生区 町田市 相模原市南区

Shin-Yurigaoka St. / Kakio St.

新百合ヶ丘、柿生

新百合ヶ丘駅は、麻生市役所の最寄り駅
王禅寺に甘柿の原木、柿生村の歴史あり

【新百合ヶ丘駅】

開業年	昭和49(1974)年6月1日
所在地	神奈川県川崎市麻生区万福寺1-18-1
キロ程	21.5キロメートル(新宿起点)
駅構造	地上駅[橋上駅]
ホーム	3面6線
乗降人数	123,894人

【柿生駅】

開業年	昭和2(1927)年4月1日
所在地	神奈川県川崎市麻生区上麻生5-42-1
キロ程	23.4キロメートル(新宿起点)
駅構造	地上駅
ホーム	2面2線
乗降人数	35,809人

昭和49年

撮影:荻原二郎

新百合ヶ丘駅
昭和49年6月1日、開業日の新百合ヶ丘駅。駅前の開発が行われる前の姿である。その後、バス乗り場が整備されて、百合ヶ丘駅発の路線バスが当駅発となった。

現在

柿生駅南口
柿生駅の南口の駅前は狭く、少し離れた場所に駅前広場がある。周辺では再開発を進める計画が立てられている。

現在

新百合ヶ丘駅南口
平成20年まで駅改良工事が行われていた新百合ヶ丘駅。百合ヶ丘方向に駅舎が増築され、新しい改札口も誕生した。

斬新な顔付の9000形
地下鉄千代田線への直通用車として昭和47年から登場し、翌年には鉄道友の会ローレル賞を受賞した。平成元年以降は地上線専用となる。

昭和62年

撮影:荻原二郎

　新宿から進んできた小田急の小田原線が最初の支線である多摩線と分岐するのが、この新百合ヶ丘駅である。駅の歴史は比較的新しく、昭和49(1974)年6月に開業した。このとき、多摩線が小田急永山駅まで開通。昭和50年4月に小田急多摩センター駅まで延伸し、平成2(1990)年3月に唐木田駅まで全通している。

　この新百合ヶ丘駅の駅前には、川崎市の麻生区役所が置かれている。麻生区は昭和57年7月、多摩区から分区する形で誕生した。「麻生」の名称は、鎌倉時代にこの地にあった「麻生郷」に由来している。

　一方、昭和14(1939)年4月まで存在した柿生村に由来するのが、次の柿生駅である。柿生村は明治22(1889)年4月に上麻生村、下麻生村、早野村などが合併して誕生した。「柿生」の名称は、この地が日本最古の甘柿の品種とされる禅寺丸柿の原産地であることによる。昭和2年4月に開業した柿生駅は、かつては島式2面4線のホームを有していたが、現在は相対式2面2線の地上駅となっている。

　禅寺丸柿の原産地として知られる王禅寺は、天平宝字元(757)年の創建と伝わる真言宗豊山派の古刹である。「関東の高野山」ともいわれ、禅寺丸柿は鎌倉時代に発見され、境内に原木が残る。

柿生駅

「甘柿発祥の地」に開かれた柿生駅。この頃は、ローカル色を漂わせる瓦屋根の駅舎だった。改札口前のベンチに座る人々の姿が時代を物語っている。

撮影：荻原二郎 (昭和38年)

柿生駅のホーム

島式2面4線のホームを有していた頃の柿生駅。下りホームに列車が近づいている。ホームの待合室は小さく、駅の周辺はまだ開発されていなかった。

撮影：荻原二郎 (昭和38年)

柿生付近の1400形

江ノ島線開通に伴い増備された車両である。全面貫通路付でモハは両運転台、クハは片運転台車である。昭和14年以来「柿生」という地名は地図から姿を消した。

撮影：竹中泰彦 (昭和36年)

古地図探訪 新百合ヶ丘駅、柿生駅付近

地図の南（下）側には、柿生駅があるが、新百合ヶ丘駅は見えない。新百合ヶ丘駅が開業するには、昭和49年のことである。また、現在の地図と比べてみると、当時の小田急線の線路はかなり大きくカーブしていたことがわかる。これは、多摩線の開通、新百合ヶ丘駅の開業に合わせて、南東側に線路を移設し、駅を設置したためである。駅の位置の目印となるのは、「萬福寺」の文字と「鳥居」の地図記号で、この神社は現在、駅の北にある十二神社である。一方、柿生駅の東側には「文」の地図記号がある。これは、川崎市立柿生小学校で、現在は移転し、駅の西側に校舎がある。

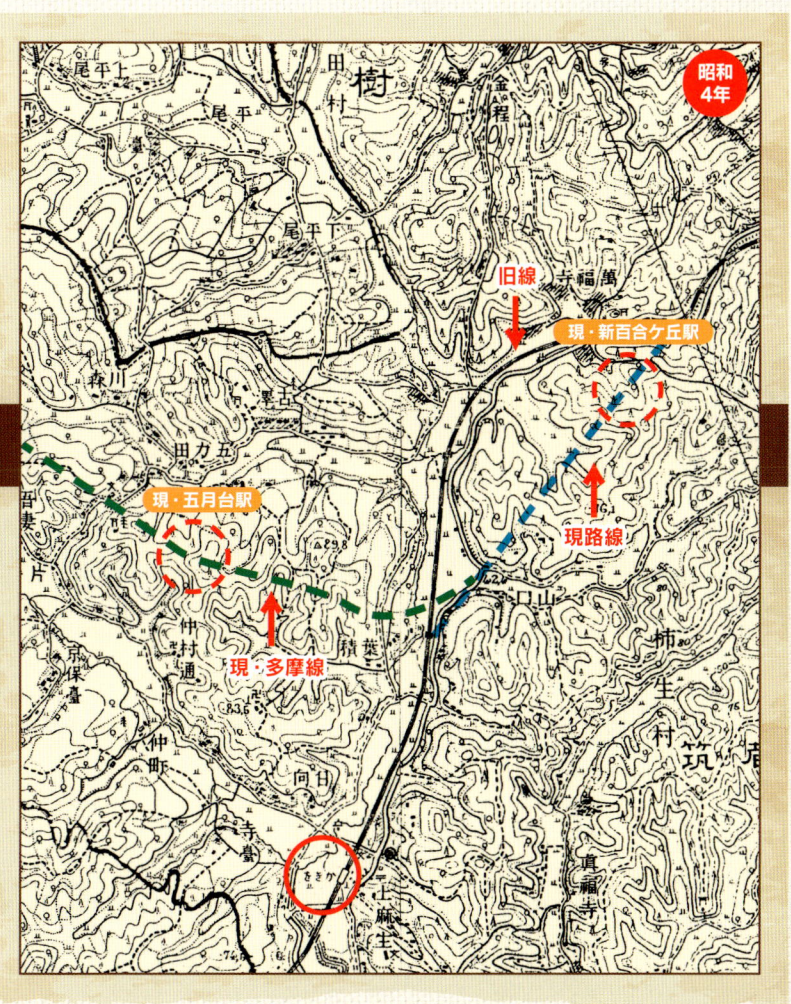

(昭和4年 地図：旧線／現・新百合ヶ丘駅／現路線／現・五月台駅／現・多摩線)

Tsurukawa St. / Tamagawagakuen-mae St.
鶴川、玉川学園前

鶴見川水系の村が合併して、鶴川村誕生
玉川学園の開園で、駅舎寄付による新駅

【鶴川駅】
開業年	昭和2(1927)年4月1日
所在地	東京都町田市能ヶ谷1-6-3
キロ程	25.1キロメートル(新宿起点)
駅構造	地上駅
ホーム	2面3線
乗降人数	69,511人

【玉川学園前駅】
開業年	昭和4(1929)年4月1日
所在地	東京都町田市玉川学園2-21-9
キロ程	27.9キロメートル(新宿起点)
駅構造	地上駅[橋上駅]
ホーム	2面2線
乗降人数	49,386人

昭和38年

▶鶴川駅
シンプルな駅前とは対照的に、ホームには病院や木材店などの広告看板がびっしりと並んでいる。駅前の売店は、子どもたちのちょっとした憧れの場所でもあった。

撮影：荻原二郎

昭和34年

▶玉川学園前駅ホーム
新聞輸送車のデニ1300形が停車している。昭和初期に製造された車両であり昭和60年近くまでの長きに渡り小田急線で活躍した功労者である。

昭和38年

◀鶴川～玉川学園前間
御殿場線乗り入れの気動車「芙蓉」号。写真のキハ5000形5002は御殿場線が電化されたあと、茨城県の関東鉄道へ譲渡された。

撮影：J.WALLY HIGGINS

撮影：荻原二郎

　川崎市内を走ってきた小田急線は、再び東京都内に入り、町田市内を進むことになる。次の駅は昭和2(1927)年4月に開業した鶴川駅である。駅名にある通り、開業時には、このあたりが南多摩郡の鶴川村だった。

　鶴川村は明治22(1889)年4月、金井村、野津田村ほか8村が合併して成立、昭和33(1958)年2月、町田市誕生まで存続した。「鶴川」の地(村)名は、合併した8村のすべて鶴見川水系にあったことから付けられた。

　現在の鶴川駅は、島式ホーム1面2線、単式ホーム1面1線をもつ地上駅で、跨線橋が設置されている。なお、駅の所在地は能ヶ谷1丁目で、町名としての「鶴川」(1～6丁目)は駅の北側、1kmほど離れた場所に存在する。

　次の玉川学園前駅は、玉川学園を開学した小原國芳が小田急に駅舎を無償提供し、昭和4年4月に開業した。小原は、成城学園の主事を務めていた経歴があり、成城学園前駅と同様の手法で、新しい駅を誕生させた形である。現在の駅は、相対式2面2線のホームをもつ地上駅で、橋上駅舎を有している。

　玉川学園は昭和4年、まず中学校と小学校が設置され、戦前には高等女学校、玉川塾(専門部)などが設けられた。戦後、玉川大学も誕生し、幼稚園から大学までの総合学園に発展している。

昭和38年

▶鶴川駅
南口

現在

鶴川駅の駅舎は反対側の北口にあり、この南口は駅員が配置されていない改札口である。

現在

◀玉川学園
前駅南口

橋上駅舎に変わった玉川学園駅の南口。道路に面しており、駅前の空間はやや狭い。

撮影：荻原二郎

▲玉川学園前駅

陽光に映える、とんがり屋根の玉川学園前駅の旧駅舎。英語表記のある駅看板も駅舎にマッチしてモダンである。この駅舎は、玉川学園が寄贈した。

古地図探訪

鶴川駅、玉川学園前駅付近

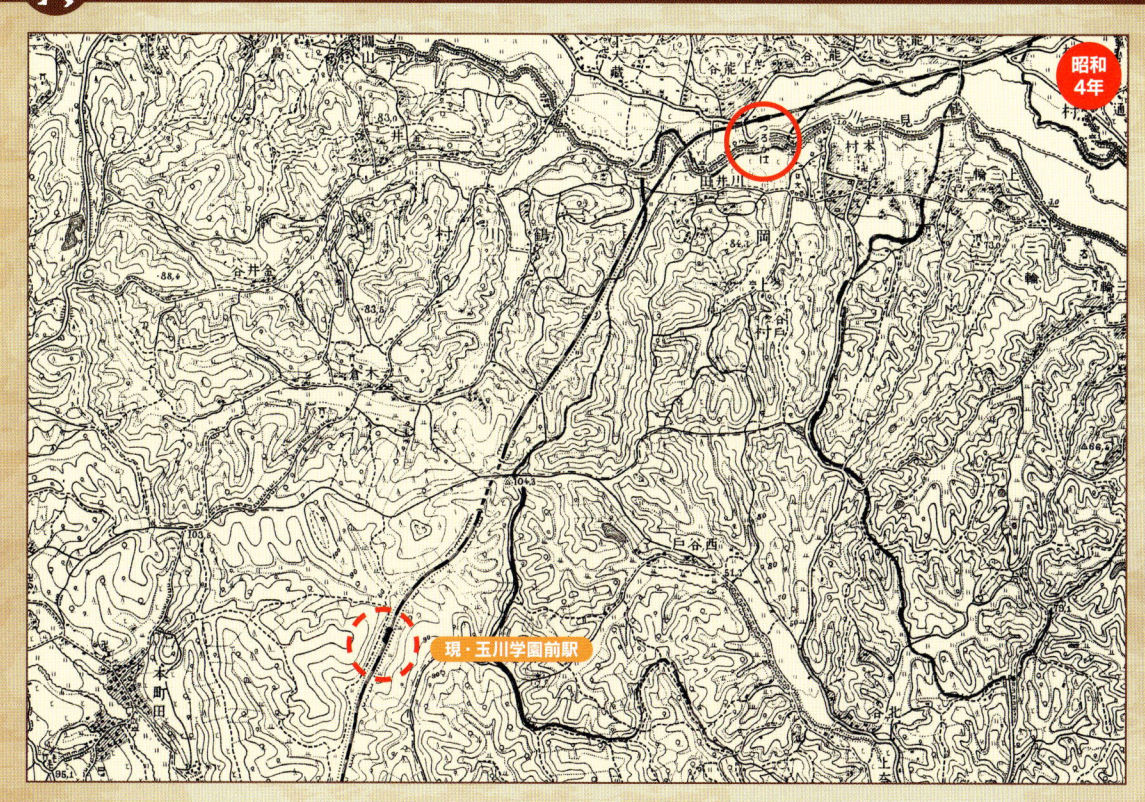

昭和4年

現・玉川学園前駅

　この地図の北東（右上）には、鶴見川の流域（河川敷）部分が白く残されている。その流域を南西に走ってきた小田急線は、当時は鶴川村にあった鶴川駅に到着する。この先は、南方向に進路を変えて進むが、次の玉川学園前駅はまだ、記載されていない。玉川学園前駅の開業は昭和4年で、地図作成には間に合わなかった形である。駅の位置は、地図上にある「西谷戸」と「本町田」の文字の中間付近である。現在は、小田急線の両駅間の線路付近に和光大学、玉川大学のキャンパスが誕生している。この区間の西側を走る鶴川街道（都道・神奈川県道3号）はまだ整備されていなかった。

35

Machida St.

町田
まちだ

小田急駅は昭和2年開業、横浜線と連絡
原町田駅の存在から、当初は新原町田駅

【町田駅】	
開業年	昭和2(1927)年4月1日
所在地	東京都町田市原町田6-12-20
キロ程	30.8キロメートル(新宿起点)
駅構造	高架駅
ホーム	2面4線
乗降人数	289,013人

昭和46年
撮影:山田虎雄

◎新原町田駅ホーム
停車中の2600形電車は経堂行きの各駅停車。右側は先発の急行電車。2600形は全長20メートル級の大型車両として昭和39年に登場し、平成16年まで使用された。

大正期
所蔵:生田誠

◎原町田駅前
初期の形式の自動車が走る原町田駅の駅前商店街。氷ののれんや寿司の看板が見え、飲食店などが並んでいた。

昭和51年
撮影:山田虎雄

◎町田駅前
この写真が撮影された年に「町田駅」に改称。町田駅ビルが完成して小田急百貨店が開店した。

現在

◎町田駅
高架駅となっている小田急の町田駅。JR駅までの高架下は、町田バスセンターとなり、多くの路線バスが発着する。

昭和10年
撮影:荻原二郎

◎小田急の貨物列車と横浜線
境川付近を走るモニ1形重連牽引の貨物列車。右は横浜線のキハ41000形気動車。

JR横浜線の町田駅とともに、人口40万人を超す大都市、町田市の玄関口となっているのが、小田急小田原線の町田駅である。歴史は、横浜線の駅の方が古く、横浜鉄道時代の明治41(1908)年9月に開業している。一方、小田急の新原町田駅は、19年遅れて昭和2(1927)年4月に開業した。

当初の横浜鉄道の駅名は「原町田」であったことから、小田急の駅は「新原町田」駅として開設されている。昭和51(1976)年に町田駅と改称されたことで、国鉄の駅も昭和55年に町田駅と駅名を改めた。このとき、現在より東側にあった国鉄の町田駅が淵野辺駅側に移転し、小田急線との連絡が便利になった。跡地には「町田ターミナルプラザ」が開設された。

「町田」の地名の由来には諸説が存在し、区画化された田圃という説、町(市)ができる田圃という説、神様を祀る「祭り田」から変化した説などがある。現在も町田市内には「本町田」と「原町田」という2つの地名が存在するが、江戸時代までの町田の中心地は、北にある「本町田」の方だった。

その後、現在の町田駅周辺の「原町田」が開発され、大いに賑いを見せるようになる。昭和33年に市制が施行される前には町田町、それ以前には町田村であった。

昭和38年

🔼 **新原町田駅**
現在の駅名に改称される前の小田急・新原町田駅。小さな駅ビルの中に入る店舗では「新本・ソノシート半額（レコード半額）奉仕」のセールが行われていた。駅前にはたくさんの人が集まっている。

古地図探訪

町田駅付近

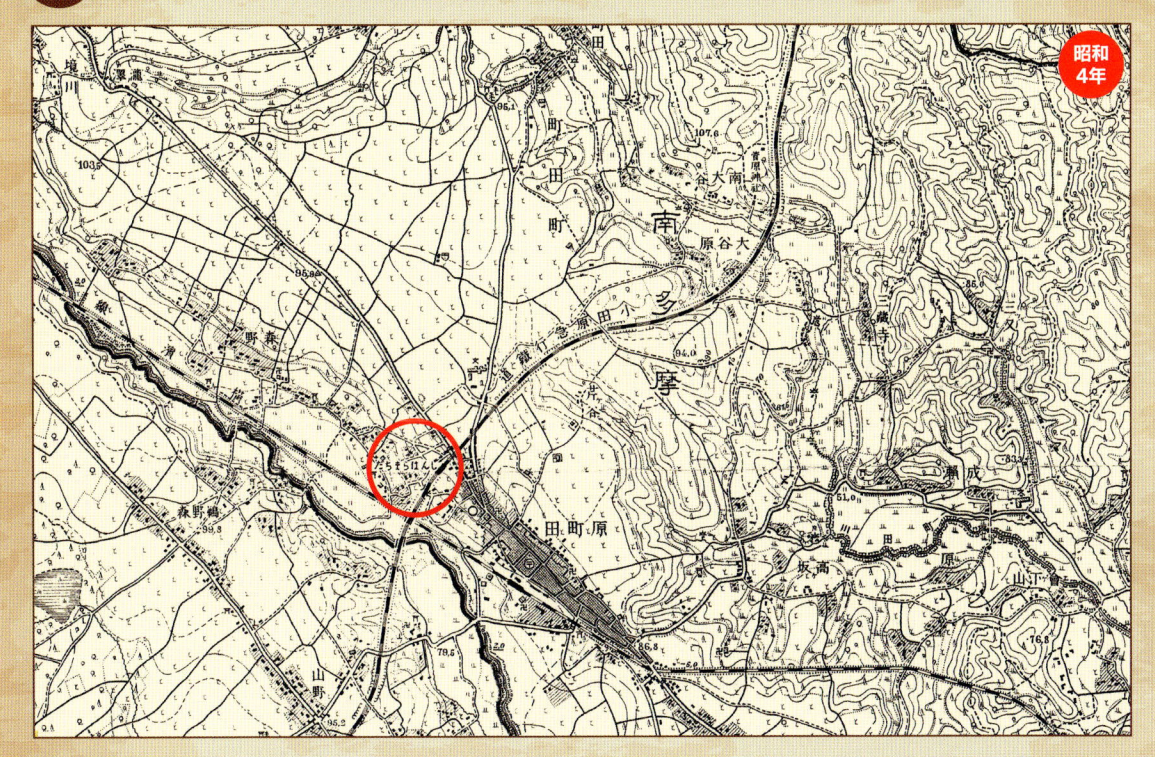

昭和4年

　の地図では、小田急の新原町田駅と、国鉄（現・JR）横浜線の原町田駅とはかなり離れており、両駅の間もまだ整備、開発されていなかった。集落が集まっているのは、横浜線の北側を走る町田街道沿いで、この当時あった町田町の役場が見える。北西にほぼ真っすぐ進む横浜線に対して、小田急線は大きな弧を描きながら、南西に進んでゆく。横浜線の南側には、東京都と神奈川県の都県境となる境川の流れがあり、現在はその南西を東京環状（国道16号）が通っている。地図の北東、南大谷付近には、菅原神社（南大谷天神社）が見え、恩田川の流れがある。

国道16号線

小田急線新原町田駅

境川

国鉄原町田駅

町田駅付近の空撮

画面左側を上下に国鉄横浜線が走り、中央やや上を左右に小田急小田原線が通る。町田市街を斜めに走る2本の道路は、新旧の都道47号八王子町田線(町田街道)である。右側に広がるのは芹ヶ谷公園であり、昭和62年に南側に町田市立国際版画美術館がオープンしている。

昭和36年

町田街道(旧道)

新宿区 / 渋谷区 / 世田谷区 / 狛江市 / 川崎市多摩区 / 川崎市麻生区 / 町田市 / 相模原市南区

提供:朝日新聞社

Sagami-Ono St. / Odakyu-Sagamihara St.

相模大野、小田急相模原

旧大野村から駅名、現在は相模原市に
当初は相模原駅、初の「小田急」冠に

【相模大野駅】

開業年	昭和13(1938)年4月1日
所在地	神奈川県相模原市南区相模大野3-8-1
キロ程	32.3キロメートル(新宿起点)
駅構造	地上駅[橋上駅]
ホーム	2面6線
乗降人数	128,006人

【小田急相模原駅】

開業年	昭和13(1938)年3月1日
所在地	神奈川県相模原市南区南台3-20-1
キロ程	34.7キロメートル(新宿起点)
駅構造	地上駅[橋上駅]
ホーム	2面2線
乗降人数	55,612人

◆相模大野駅 (昭和41年)
現在地に移転する前の相模大野駅。シンプルな駅舎だった頃で、クリスマス・歳暮セールの広告看板、デコレーションが見える年末の風景である。

◆相模大野駅北口 (現在)
信号所からスタートし、巨大な駅ビル「小田急相模大野ステーションスクエア」をもつ駅に成長した。

◆相模大野駅上りホーム (昭和39年)
手前が1800形、奥には1400形が停車している。1800形の登場により、私鉄の20m車時代が始まった。昭和23年には名鉄から3編成譲渡を受けた。

◆小田急相模原駅南口 (現在)
地元では「オダサガ」の愛称で呼ばれている小田急相模原駅は、橋上駅舎を有している。

相模大野駅は、小田原線と江ノ島線の分岐点である。当初は駅ではなく、昭和4(1929)年4月、大野信号所として開設。昭和13年4月に通信学校駅となり、昭和16年1月に相模大野駅と改称した。平成8(1996)年9月、約200メートル町田寄りの現在地に移転し、新しい駅舎が使用されている。元の駅があった場所は、相模大野分岐点となった。現在は特急ロマンスカーの停車駅となっており、駅の南側には大野総合車両所が設けられている。

「相模大野」の駅名は、このあたりが旧相模国で、高座郡大野村であったことによる。明治22(1889)年4月、上矢部村、淵野辺村など5村が合併し、大野村が誕生。昭和16年4月に合併により、相模原町(現・相模原市)になるまで存在した。また、旧駅名の「通信学校」は、陸軍通信学校が駅付近に存在したことによる。

小田急相模原駅は昭和13年3月、相模原駅として開業した。その3年後の昭和16年4月、国鉄(現・JR)横浜線に相模原駅が開業したため、現在の名称となった。なお、開業時は相模大野駅と同様、大野村にあったが、間もなく相模原町となり、現在は座間市との境界に近い相模原市南区にある。駅の構造は、相対式ホーム2面2線をもつ地上駅で、橋上駅舎を有している。

小田急相模原駅の駅前

書店や青果店、洋菓子店、自転車・手荷物一時預かり所などが並んだ小田急相模原駅の駅前。スーパー・チェーン店だった忠実屋のビルも見える。

提供：座間市

昭和40年代

⌂小田急相模原駅

橋上駅舎に変わる前の小田急相模原駅の小さな地上駅舎。左右には大きな広告看板があり、左側には映画ポスターが貼られている。

撮影：荻原二郎

昭和37年

⌂相模大野駅のホーム

新宿行きの急行列車がやってきた相模大野駅の3番線ホーム。反対側には、回送列車が停車している。ホームにいる人は少なかった。

撮影：荻原二郎

昭和38年

⌂小田急相模原駅のホーム

特急ロマンスカー「はこね」が、小田急相模原駅のホームを通過する。このロマンスカーは、低床・連接構造のSE3000形である。

撮影：荻原二郎

昭和38年

古地図探訪　相模大野駅、小田急相模原駅付近

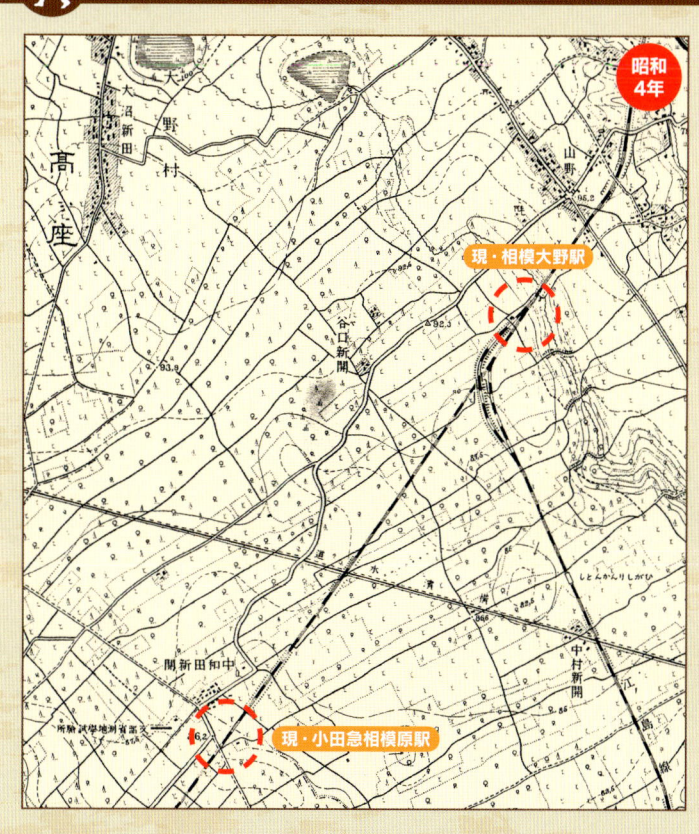

昭和4年

現・相模大野駅

現・小田急相模原駅

地図上には、小田原急行電鉄の小田原線、江ノ島線が走るが、集落をほとんど見ることができない。両線の分岐駅である相模大野駅は、昭和13年に通信学校駅に昇格する前で、昭和4年4月に大野信号所が開設された。その後、平成9年に駅の位置は約200メートル、町田寄りに移転している。また、この当時あった横浜水道の南側に位置する現在の小田急相模原駅もまだ、開業していなかった。その西側にあった文部省測地学試験所は、明治35年に設置された「標準尺比較室」で、「百米比較室」とも呼ばれていた。

新宿区 | 渋谷区 | 世田谷区 | 狛江市 | 川崎市多摩区 | 川崎市麻生区 | 町田市 | 相模原市南区

41

Sobudai-mae St. / Zama St.
相武台前、座間

士官学校の別名、昭和天皇が「相武台」
新座間駅として開業、一時は座間遊園駅

【相武台前駅】
開業年	昭和2(1927)年4月1日
所在地	神奈川県座間市相武台1-33-1
キロ程	36.9キロメートル(新宿起点)
駅構造	地上駅[橋上駅]
ホーム	2面4線
乗降人数	38,430人

【座間駅】
開業年	昭和2(1927)年7月28日
所在地	神奈川県座間市入谷5-1682
キロ程	39.2キロメートル(新宿起点)
駅構造	橋上駅
ホーム	2面2線
乗降人数	21,483人

昭和46年
提供：座間市

◁座間駅東口
駅前には、タクシーが集まる広いスペースがある座間駅の東口。跨線橋が見える地上駅舎時代の姿である。付近には大きな建物はなかった。

現在
◁相武台前駅
平成25年、新しい駅ビル「小田急マルシェ相武台」と一体の形に生まれ変わった相武台前駅の北口。

昭和38年
撮影：荻原二郎

◁相武台前駅ホーム
昭和29年に登場したカルダン駆動の高性能車は、小田急のほか、東急、近鉄、阪急、京阪などの私鉄各社にも導入された。

▷座間駅
座間駅は昭和53年に橋上駅舎に変わり、自由通路も設けられた。平成15年には駅舎改良工事も実施されている。

現在

　相模原市から座間市に進んでいく小田急小田原線で、座間市最初の駅が相武台前駅である。約2km離れた南西にはJR相模線の相武台下駅があり、この付近は「相武台」と呼ばれる台地が広がっていることがわかる。ここには戦前、陸軍士官学校が移転し、昭和天皇がその別称として「相武台」と名付けたことから、2つの駅名に採用されたのである。

　相武台前駅は昭和2(1927)年4月に座間駅として開業。昭和12年6月に士官学校前駅と改称した。現在の駅名となったのは昭和16年1月である。なお、陸軍士官学校の跡地は、在日アメリカ軍座間キャンプ、陸上自衛隊座間駐屯地などに変わっている。

　現在の座間駅は、昭和2年7月、新座間駅として開業している。こちらも、昭和12年7月に座間遊園駅、昭和16年10月に座間駅に駅名が変更された歴史をもつ。一時、座間遊園駅とされたのは、この駅前に小田急が遊園地を建設する計画があったからである。

　両駅のある座間市は、地下水の豊富な場所として知られ、江戸時代から座間村が存在していた。その後、座間町となり、昭和16年4月、合併により相模原町になったものの、昭和23年9月、座間町が分離、復活した。昭和46年11月に市制が施行され、座間市となっている。なお、「座間」の地名は、古東海道の宿駅「いさま」に由来するとされる。

昭和38年

座間駅ホーム

初期の遠距離型車両の代表格であった1400形は昭和41～43年に廃車された。機器は初代4000形に、車体の一部は岳南鉄道や、弘前電鉄（現・弘南鉄道）、越後交通（廃止）などに譲渡した。

撮影：荻原二郎

昭和46年

相武台前駅付近

4両編成の列車が相武台前駅付近を通過する。右手には神奈川県道51号（行幸道路）が走り、沿道に横浜銀行座間支店がある。

提供：座間市

古地図探訪

相武台前駅、座間駅付近

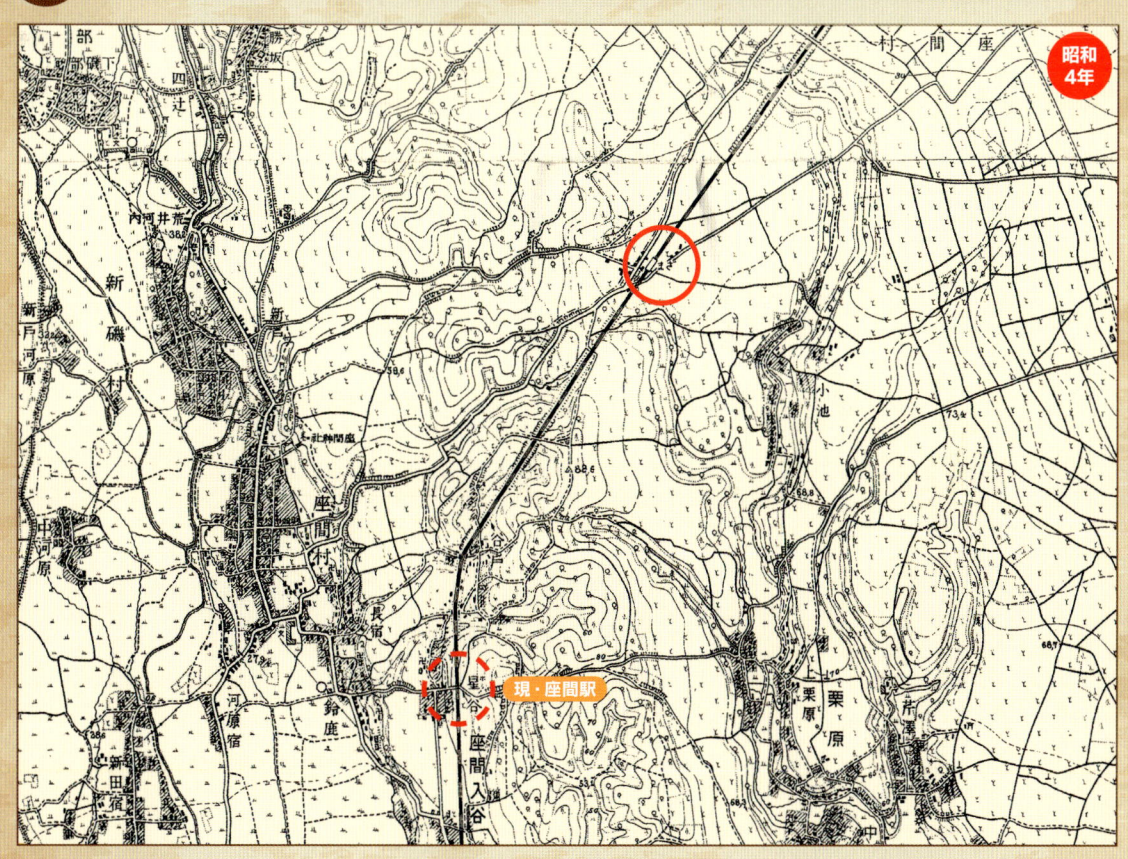

昭和4年

現・座間駅

地図上の西側に見える座間村から少し離れた東北に、小田急の初代座間駅が置かれていた。後に座間駅の西側には、陸軍士官学校が開かれ、駅名を改称する。これが現在の相武台前駅である。一方、現在の座間駅は昭和2年7月、南（下）側の「座間入谷」の文字がある付近に新座間駅として開業しているが、この地図には記されていない。さらに西側には、昭和6年に相模鉄道（現・JR相模線）が延伸し、相模台下駅が開業している。座間村には、座間神社が鎮座している。この座間村のほか、高座郡には新磯村などが存在したが、昭和16年に合併により、相模原町（現・相模原市）となった。

43

Ebina St.
海老名
相模鉄道と連絡、昭和48年に駅舎移転
昭和62年、JR相模線に新駅が誕生

【海老名駅】

開業年	昭和16(1941)年11月25日
所在地	神奈川県海老名市上郷570
キロ程	42.5キロメートル(新宿起点)
駅構造	地上駅[橋上駅]
ホーム	2面4線
乗降人数	135,861人

昭和42年

🔼 海老名駅のホーム
新原町田(現・町田)行き、1400形編成の普通列車が海老名駅のホームをたって、座間方向に向かう。地上駅だった頃の姿で、「横浜方面のりかえ」の看板が見える。

撮影：荻原二郎

昭和39年

🔼 海老名付近
写真手前側に現在の海老名駅がある。奥の高架は相模鉄道線で、それをくぐり抜けた先に昭和18年廃止の海老名国分駅があった。

撮影：J.WALLY HIGGINS

▶ 海老名駅
地上駅舎だった頃の海老名駅。駅前に建つ小さな相鉄の海老名乗合バス案内所とともに、やって来た路線バスの姿がある。

▶ 海老名電車基地
「小田急ファミリー鉄道展」の開催時にはロマンスカー等が展示され、家族連れなどで賑わう。

昭和45年

提供：海老名市

　小田急小田原線がJR相模線、相鉄本線と接続するのが海老名駅である。3路線が交わる海老名駅の歴史は、少しばかり複雑である。

　最も古い開通の小田急線には、昭和2(1927)年4月以来、現在の「海老名」駅から約1.1km座間寄りに海老名国分駅があった。この当時、相模国分駅をもつ神中鉄道(現・相模鉄道)との連絡は不便だったため、昭和16年11月に神中鉄道が延伸して乗り入れを開始し、小田急との交差部に海老名駅を設置した。当初は神中鉄道の列車のみが停車したが、昭和18年4月から小田急線も海老名駅を設けて旅客営業を開始した。このとき、海老名国分駅は廃止されている。

　また、小田急の駅舎は昭和48(1973)年12月に約400m厚木側に移転した。JR相模線の海老名駅は、国鉄分割民営化の直前、昭和62年3月に開業している。

　「海老名」の地名の由来には諸説があり、不詳である。明治22(1889)年4月、上郷村、河原口村などが合併して海老名村が誕生。昭和15年12月に海老名町となった。昭和46年11月に市制が施行され、海老名市となった。現在は、東名高速道路の海老名サービスエリア、首都圏中央連絡自動車道の海老名インターチェンジがあることでも知られている。

昭和61年頃

◀海老名駅
橋上駅舎が完成し、駅前ロータリーが整備された海老名駅。この後に周辺の開発が進み、駅前はさらに生まれ変わることになる。
提供：海老名市

現在

▶海老名駅
駅前広場にペデストリアンデッキが張り巡らされている海老名駅の東口。海老名中央公園につながる、海老名の中心地でもある。

古地図探訪
海老名駅付近

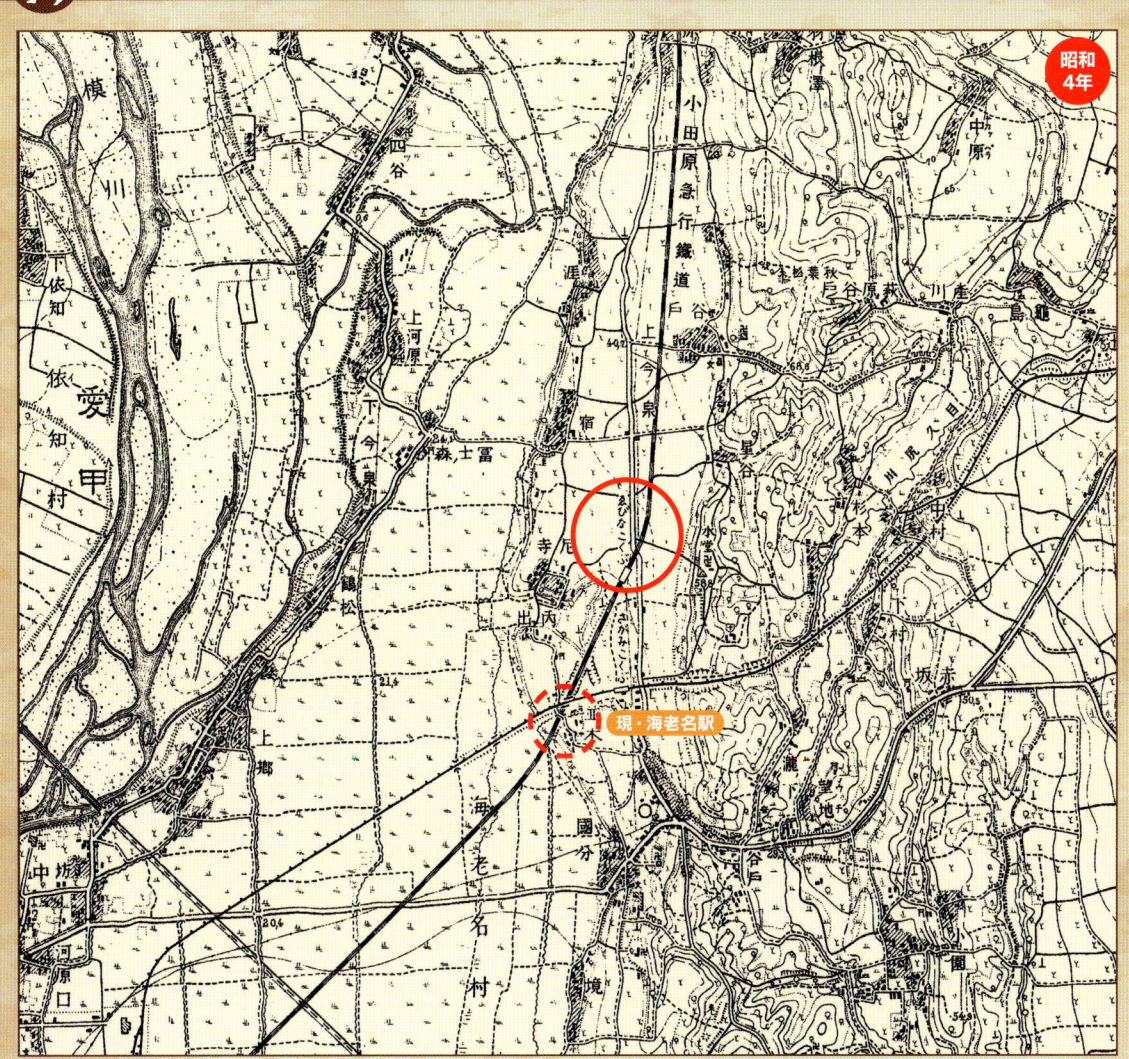

昭和4年

この当時の海老名村（現・海老名市）には、小田急線小田原線がほぼ南北に縦断する形で通っている。ここには、開業当時から海老名国分駅が置かれていた。一方、斜めに走る神中鉄道（現・相鉄本線）にも海老名駅は存在せず、相模国分駅から小田急線を越えて、後に合併する相模鉄道（現・JR相模線）の厚木駅方向へ伸びていた。現在の海老名駅は昭和16年11月、相模鉄道が小田急との連絡駅として開業している。小田急線の駅の開業は昭和18年4月で、このときに海老名国分駅は廃止された。地図上、「国分」の地名があるように、この付近には相模国分寺が置かれていた。

Atsugi St.

厚木
あつぎ

神中鉄道が最初の駅、
現在の海老名市に
小田急線は高架駅、JR相模線は地上駅

【厚木駅】	
開業年	昭和2(1927)年4月1日
所在地	神奈川県海老名市河原口1-1-1
キロ程	44.1キロメートル(新宿起点)
駅構造	高架駅
ホーム	2面2線
乗降人数	20,708人

厚木駅（昭和60年）
提供：海老名市

県道43号に面して建つ厚木駅の駅舎は、小田急と国鉄（現・JR）が共同で使用してきた。この駅舎のスタイルは現在も変わっていない。

厚木駅（現在）

厚木駅は、小田急とJR東日本の共同使用駅である。駅は小田急が管理し、改札口は共用で、小田急の機械を使用している。

3000形SE車と移動変電車（昭和39年）
撮影：荻原二郎

写真左側の車両は、国鉄の相模線との連絡線に留置されていた移動変電車。本線で一時的な電力不足が発生した際に電力を補っていた。

NSE3100形（平成3年）
撮影：荻原二郎

厚木付近を快走する特急「はこね」。箱根方面への輸送強化のため昭和38年に颯爽とデビューした小田急ロマンスカーの顔とも言うべき車両である。

　小田急の厚木駅は昭和2（1927）年4月、河原口駅として開業した。現在の海老名市の前身にあたる海老名村が成立する前、この地には河原口村があり、「河原口」の地名が採用された形である。また、このことからもわかる通り、この厚木駅は厚木市ではなく、相模川の東側、海老名市に存在する。

　小田急の駅が誕生する前の大正15（1926）年5月、神中鉄道線（現・相模鉄道厚木線）の厚木駅が開業。2ヵ月後の7月には、相模鉄道線（現・JR相模線）の厚木駅も誕生した。昭和19年6月、小田急（当時・東急）の河原口駅は厚木駅に改称した。

　この厚木駅は現在、小田急とJR相模線の共同使用（接続）駅であり、相模鉄道は貨物扱いのみの貨物駅・厚木操車場となっている。小田急の駅は、相対式ホーム2面2線を有する高架駅で、JR相模線の駅は単式ホーム1面1式の地上駅となっている。平成19（2007）年3月、JR駅のホームが移設され、小田急線との連絡がスムーズになった。

　なお、厚木市とは相模川を隔てた対岸の海老名市内にあるため、この駅周辺には、「厚木」の名を冠した施設はほとんど存在しない。地元（海老名市）からは駅名の変更を求める動きもあるが、実現には至っていない。

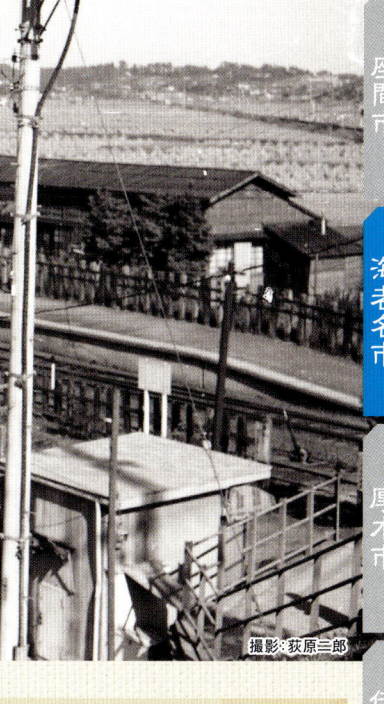

厚木駅

のどかな田園地帯にあった頃の厚木駅。駅舎とともにホーム上にある待合室も小さなものだった。この写真は小田急ホームから見下ろした国鉄と共同の厚木駅。

昭和38年

撮影：荻原二郎

古地図探訪

厚木駅、本厚木駅付近

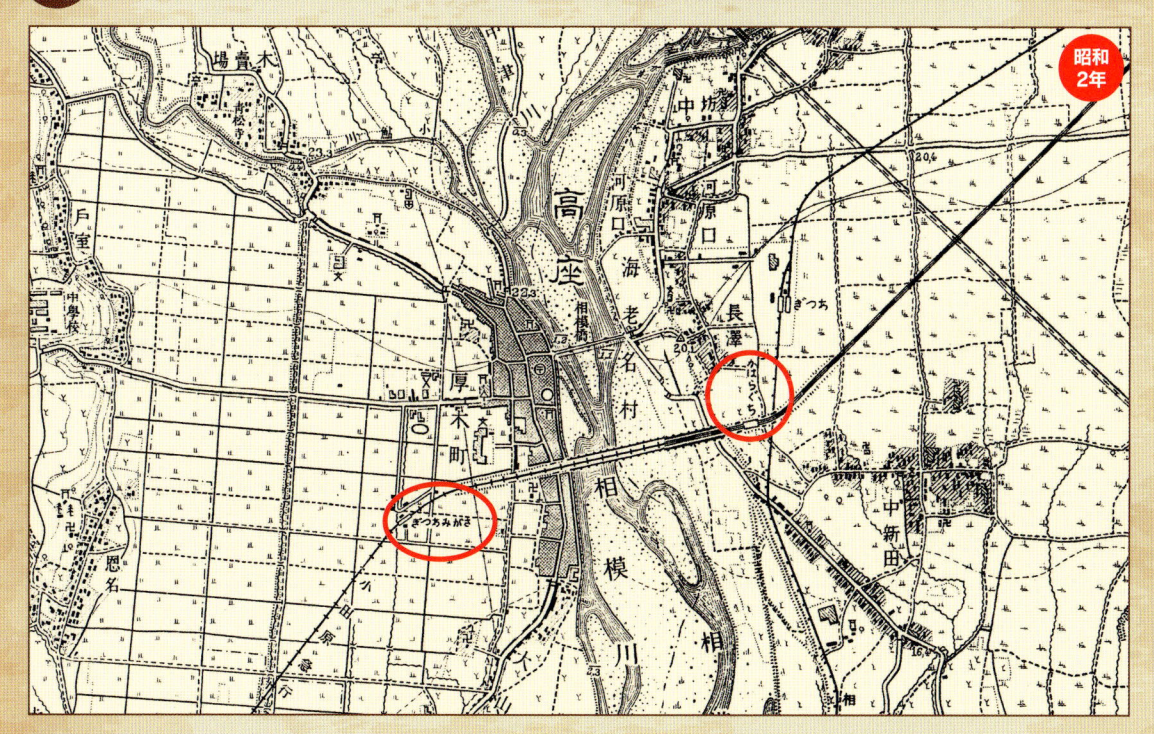

昭和2年

地図の北東から南西にかけて、小田急線が斜めに走り、相模川を挟んで河原口（現・厚木）駅と相模厚木（現・本厚木）駅が置かれている。一方、河原口駅の東側には、相模鉄道（現・JR相模線）が南北に通り、北側に厚木駅が置かれていた。この当時は、相模川を境にして、厚木町（現・厚木市）と海老名村（現・海老名市）に分かれており、厚木町の中を大山街道（県道601号）が通っていた。小田急の橋梁の北には、相模橋（現・相模大橋）が見える。この橋の南側、「鳥居」の記号が見える大鷲神社のそばにあった町役場は、現在は市役所となって、北西に移転している。

Hon-Atsugi St.

本厚木
ほん あつ ぎ

厚木市中心部に位置、市役所の最寄り駅
「厚木」は、相模川の木材集散地に由来

【本厚木駅】	
開業年	昭和2(1927)年4月1日
所在地	神奈川県厚木市泉町1-1
キロ程	45.4キロメートル(新宿起点)
駅構造	高架駅
ホーム	2面4線
乗降人数	143,663人

昭和戦前期

所蔵：生田 誠

現在

○本厚木駅
現在は、駅ビル「本厚木ミロード1」が誕生し、北口・南口・東口のほかに、ミロード口も開設されている。

○相模厚木駅南口
相模厚木駅としてスタートした頃の南口駅舎、ギャンブレル屋根の堂々とした姿だった。反対側に北口には、三角屋根の小さな駅舎が存在した。

▷本厚木駅
地上駅だった頃の本厚木駅。戦前からの建物からは変わったが、簡素な構造の駅舎だった。

昭和44年

撮影：山田虎雄

現在

◁8000形
本厚木駅に向かう8000形。昭和57年に登場した8000形は、各駅停車から急行まで幅広く使用されている。

　相模大橋に並行として掛かる相模川の橋梁を渡った小田急小田原線は、厚木市に入り、本厚木駅に到着する。この駅は昭和2(1927)年4月、相模厚木駅として開業。昭和19年6月、現在の駅名に改称された。昭和51(1976)年6月に高架駅となり、昭和57年3月には駅ビル「ミロード」が完成した。現在の駅構造は、島式ホーム2面4線を有し、快速急行、急行などと特急ロマンスカーも停車する。

　本厚木駅は厚木市の中心部に位置し、厚木市役所の最寄り駅でもある。江戸時代からあった厚木村は、明治22(1889)年4月に厚木町となり、昭和30年2月、周辺の4村と合併して厚木市が誕生した。現在は人口約22万人で、特例市に指定されている。また、昭和30年まで南毛利村が存在していたことでわかるように、この地には中世に毛利荘が置かれていた。これは、鎌倉幕府の政所別当・大江広元の四男・季光が毛利氏を名乗って治めた領地で、毛利氏は後に安芸国(広島県)に移り、大名になって戦国時代を生き抜いた。

　「厚木」の地名は、相模川に沿って材木の集散地があったことで、「集め木(あつめぎ)」から変わったという説がある。現在は、東名高速道路の厚木インターチェンジがあることでも知られる。

昭和38年

🔺 **本厚木駅の駅前**
県立丹沢大山自然公園の登山口でもある本厚木駅の北口には、ロータリーをもつバス乗り場が発達した。この時代は、三角屋根のかわいい駅舎があった。

昭和46年

🔺 **工事中の相模川橋梁**
大きくカーブしながら進む箱根湯本行きの急行列車。手前には、架け替え工事中の相模川橋梁が見える。奥には広々とした田園地帯が広がっていた。

49

Aiko-Ishida St. / Isehara St.
愛甲石田、伊勢原

厚木市と伊勢原市にまたがる愛甲石田
伊勢原は、大山阿夫利神社の信仰の地

【愛甲石田駅】

開業年	昭和2(1927)年4月1日
所在地	神奈川県厚木市愛甲1-1-1
キロ程	48.5キロメートル(新宿起点)
駅構造	地上駅[橋上駅]
ホーム	2面2線
乗降人数	59,578人

【伊勢原駅】

開業年	昭和2(1927)年4月1日
所在地	神奈川県伊勢原市桜台1-1-7
キロ程	52.2キロメートル(新宿起点)
駅構造	地上駅[橋上駅]
ホーム	2面4線
乗降人数	51,041人

◀愛甲石田駅 （現在）
橋上駅舎に変わった愛甲石田駅。駅舎は厚木市愛甲、伊勢原市石田にまたがって存在する。

▲愛甲石田駅 （昭和38年）
地上駅だった頃の愛甲石田駅。駅舎の正面には平仮名の「あいこういしだ」の駅名看板がかかげられていた。左手には、なつかしい映画のポスターも見える。
撮影：荻原二郎

◀伊勢原駅の北口駅前 （昭和44年）
食堂や化粧品店、パチンコ店などが並ぶ海老名駅の北口付近。昭和の風景だが、駅前食堂はいまも健在である。
提供：伊勢原市

▶大山ケーブル
大山観光電鉄が運行する大山鋼索線（大山ケーブルカー）は昭和6年に開業。平成27年には新型車両が導入された。

▲伊勢原駅 （昭和38年）
この頃に伊勢原駅の地上駅舎には、大きな窓が開かれていた。昭和42年は橋上駅舎に変わっている。
撮影：荻原二郎

　愛甲石田駅は、厚木市愛甲1丁目と伊勢原市石田にまたがる駅であり、両者の地名を合わせた駅名が採用されている。昭和2(1927)年4月に開業し、昭和62(1987)年12月に現在の橋上駅舎が完成した。駅の構造は、相対式ホーム2面2線の地上駅である。

　次の伊勢原駅は、同じく昭和2年4月に開業した伊勢原市役所の最寄り駅である。伊勢原市は昭和46年3月、伊勢原町が市制を施行して誕生している。歴史をさかのぼれば、江戸時代の1620(元和6)年、伊勢原大神宮が創建され、今日の伊勢原市の発展の礎となった。「伊勢原」の地名は、伊勢(現・三重県)出身の人々がこの地を開拓したことによる。江戸時代から存在した伊勢原村は、昭和29年12月、大山町、成瀬村などと合併し、伊勢原町になっていた。

　この伊勢原市の北東部には、山岳信仰の山として有名な大山があり、大山阿夫利神社が鎮座している。この山は「雨降山（あめふり山）」として知られる雨乞いの対象で、江戸時代には「大山講」と呼ばれる人々の組織があり、「大山詣で」が流行し、各地から大山に至る道は「大山街道」と呼ばれた。

　この大山への登山には戦前、戦後を通じて、大山ケーブルカーが運行されている。

50

⬆ 伊勢原駅の北口駅前

大山阿夫利神社の参詣口を示す鳥居がある伊勢原駅の北口駅前。横浜銀行の伊勢原支店はいまも駅前に店を構える。

提供：伊勢原市

昭和44年

⬆ 伊勢原付近の新聞輸送車

夕刊の輸送を担った新聞電車の1200形。他に小田急の荷物電車はデニ1000形、デニ1100形、デニ1300形が存在していたが、昭和50年代に廃車された。

撮影：荻原二郎

昭和38年

🚶 古地図探訪

愛甲石田駅、伊勢原駅付近

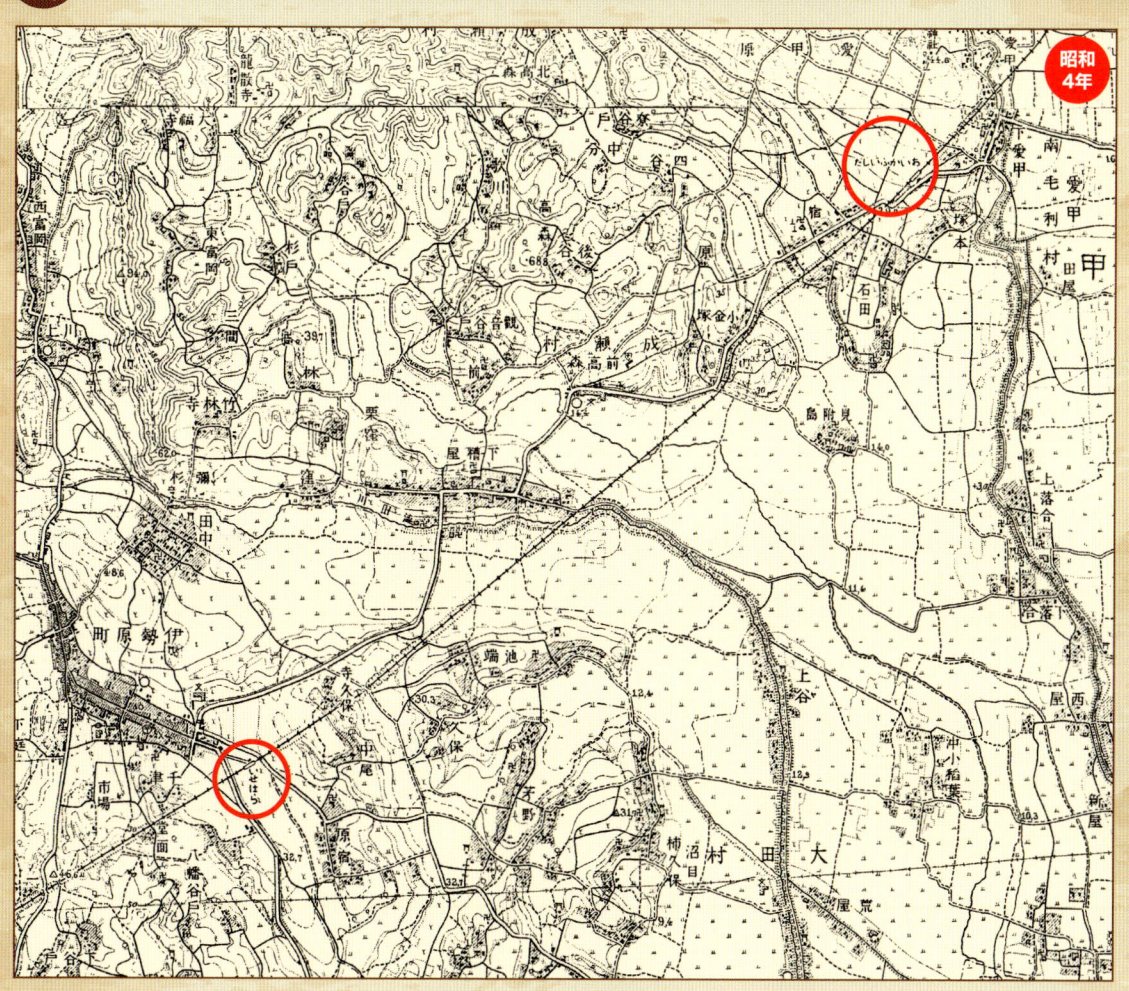

昭和4年

現在は一帯が伊勢原市となっている地域だが、西側は伊勢原町であるのに対して、東側には南に大田村、北に南毛利村が存在していた。小田急線の愛甲石田駅付近には、「愛甲」「石田」の地名が存在し、ここから駅名が採用されたことがわかる。この当時、整備される前の国道246号と並行しながら走っていた小田急線だが、伊勢原駅は市街と少し離れた位置に置かれている。現在は、その北側を東名高速道路が走っている。また、小田急線の南側には、小田原厚木道路（県道63号）が出来ている。「伊勢原」の文字の下に見える町役場は、現在の伊勢原市役所とは異なる場所にある。

Tsurumaki-onsen St. / Tokaidaigaku-mae St.
鶴巻温泉、東海大学前

鶴巻温泉駅は名称に「温泉」有無の歴史
昭和62年、大根駅から東海大学前駅へ

【鶴巻温泉駅】
開業年	昭和2(1927)年4月1日
所在地	神奈川県秦野市鶴巻北2-1-1
キロ程	55.9キロメートル(新宿起点)
駅構造	地上駅
ホーム	2面2線
乗降人数	15,104人

【東海大学前駅】
開業年	昭和2(1927)年4月1日
所在地	神奈川県秦野市南矢名1-1-1
キロ程	57.0キロメートル(新宿起点)
駅構造	地上駅[橋上駅]
ホーム	2面2線
乗降人数	39,922人

昭和38年
撮影:荻原二郎

◀鶴巻温泉駅
温泉地の玄関口らしく、出迎えの自動車や仲居らしき女性が見える鶴巻温泉駅の駅前。ホームにも旅館の看板が並んでいる。

▶東海大学前駅南口
現在は橋上駅舎となっている東海大学前駅。県道614号方面に開かれた南口には、ペデストリアンデッキも設置されている。

◀鶴巻温泉駅北口
温泉街の玄関口となっている鶴巻温泉駅の北口。南口にも小さな駅舎があり、ホーム間は跨線橋で結ばれている。

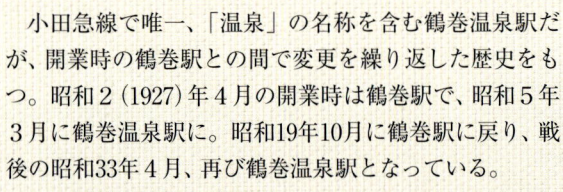

　小田急線で唯一、「温泉」の名称を含む鶴巻温泉駅だが、開業時の鶴巻駅との間で変更を繰り返した歴史をもつ。昭和2(1927)年4月の開業時は鶴巻駅で、昭和5年3月に鶴巻温泉駅に。昭和19年10月に鶴巻駅に戻り、戦後の昭和33年4月、再び鶴巻温泉駅となっている。
　この鶴巻温泉は、駅北口からすぐの場所にある。現在は周囲にマンションなども建ち、住宅街の中の温泉となっている。その中で有名なのが老舗旅館として知られる「陣屋旅館」で、数々の将棋のタイトル戦の舞台となり、昭和27年の王将戦で発生した「陣屋事件」もよく知られている。
　現在の鶴巻温泉駅は、相対式ホーム2面2線をもつ地上駅で、上下線の間は跨線橋で連絡する。かつては南口側に駅舎があり、その後は温泉のある北口側に移った。現在は南北に駅舎をもつ。
　次の東海大学前駅は、昭和2年4月、大根駅として開業している。これは当時、中郡大根村にあり、この大根村は昭和30年4月に秦野市に編入された。その後、東海大学湘南キャンパスが開設されて、この駅が最寄り駅となったことで、昭和62年3月、東海大学前駅に駅名を改称した。駅前には、旧大根駅の歴史を示す石碑が残されている。現在の駅構造は相対式ホーム2面2線の地上駅で、駅名改称とともに地上駅舎から橋上駅舎に変わっている。

大根駅

駅名が改称される前、大根駅だった頃の小さな駅舎。「ONE STATION」の駅名看板の英字表記は、外国人にはどう読まれたのだろうか。

大根駅ホームの2200形

昭和29年に登場した小田急初の高性能カルダン車である。前面2枚窓、扉は3枚で2両編成であった。主に急行の運用で活躍したが、昭和50年代後期に廃車された。

古地図探訪

鶴巻温泉駅、東海大学前駅付近

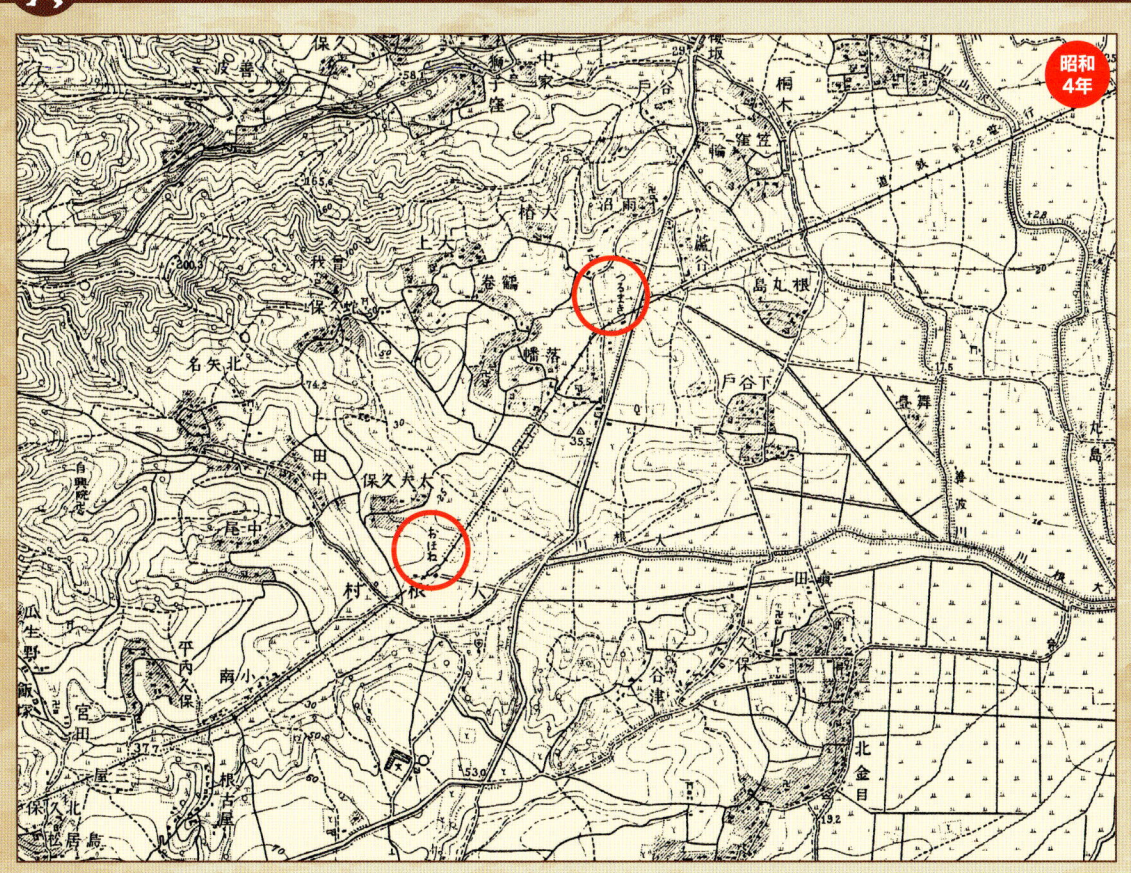

現在、この区間の小田急線は国道246号と離れ、東名高速道路と近づく形になっている。もちろん、この当時は両線とも開通しておらず、中央部分を神奈川県道612・613号が通っているだけである。また、現在の鶴巻温泉駅は「鶴巻」、東海大学前駅は「大根」の駅名だった。大根駅付近には、当時の「大根村」を示す表示がある。温泉地として知られる「鶴巻」だが、それほど大きな集落ではなかったことがわかる。大根駅から少し離れた南側に「文」の地図記号があり、現在はここに秦野市立大根小学校と大根小学校が並んで建っている。

Hadano St. / Shibusawa St.

秦野、渋沢
秦野市横断の小田急線に秦野、渋沢駅
かつて、湘南軌道が秦野～二宮間結ぶ

【秦野駅】
開業年	昭和2(1927)年4月1日
所在地	神奈川県秦野市大秦町1-1
キロ程	61.7キロメートル(新宿起点)
駅構造	地上駅[橋上駅]
ホーム	2面4線
乗降人数	42,754人

【渋沢駅】
開業年	昭和2(1927)年4月1日
所在地	神奈川県秦野市曲松1-1-1
キロ程	65.6キロメートル(新宿起点)
駅構造	地上駅[橋上駅]
ホーム	2面2線
乗降人数	27,741人

秦野駅
完成翌年の平成9年に、通産省(現・経済産業省)のグッドデザイン賞(商品)に選ばれた秦野駅。ゆるやかなカーブの屋根が美しい。

渋沢駅のホーム
「縣立丹沢大山自然公園　丹沢登山口」の大きな看板が両ホームに立つ渋沢駅。手前のホームには、小田原行きの列車に乗り込む人々が見える。

渋沢駅
駅前売店を備えた渋沢駅の木造駅舎。周辺で住宅地開発が行われる以前で、こんな小さな駅舎でも十分、機能を果していた。

渋沢駅南口
小田急の駅の中では最も標高が高く、山小屋風の三角屋根をもつ渋沢駅の橋上駅舎。反対側の北口には、ペデストリアンデッキが伸びる構造となっている。

　小田急小田原線は、ときにカーブを描きながら秦野市内を横断する形で西に進んでゆく。現在、秦野市内には小田急線の駅のみ置かれているが、かつては秦野駅から南の二宮駅に至り、東海道線に接続する軽便鉄道・湘南軌道が存在した。この湘南軌道は、明治39(1906)年8月、湘南馬車鉄道として開業し、秦野特産の葉たばこを輸送していた。その後、湘南軽便鉄道を経て湘南軌道となり、昭和8(1933)年10月に旅客営業を休止、昭和12年8月に廃止されている。

　この鉄道の廃止を早めた一因が、昭和2年4月の小田急小田原線の開通だった。このときに開業したのが現在の秦野駅だが、開業当初は大秦野駅を名乗っていた。これは既に湘南軌道に秦野駅が存在していたからである。現在の駅名となったのは、湘南軌道の廃止から半世紀がたった昭和62年3月のことである。この秦野駅は、島式ホーム2面4線をもつ地上駅で、橋上駅舎、南北自由通路を有している。

　次の渋沢駅も同じく昭和2年4月の開業である。「渋沢」の駅名は、当時の西秦野村の大字「渋沢」に由来している。現在の駅の構造は、相対式ホーム2面2線の地上駅で、橋上駅舎を有している。この橋上駅舎は、平成5(1993)年2月に完成している。

昭和38年

⬆大秦野駅
大秦野駅だった頃には、改札口の横には広い駅前休憩所があった。駅舎の屋根の形は独特のギャンブレル屋根で、昭和初期から続く小田急駅のスタイルである。

🚶 古地図探訪

秦野駅、渋沢駅付近

昭和4年

東西に走る小田急線には、東側に大秦野(現・秦野)駅、西側に渋沢駅が置かれている。このあたりでは再び、国道246号(矢倉沢往還)と寄り添う形になっている。駅の北側に広がる秦野町(現・秦野市)は、北東に金目川、葛葉川が流れ、市街地は小田急線の南側にも出来ている。町役場の位置は、現在の秦野市役所とは異なっている。一方、渋沢駅の付近は、西秦野村だったが、こちらには小さな集落が見えるだけである。渋沢駅の南側に見える「鳥居」の地図記号は、國榮稲荷神社である。駅北西の「文」の地図記号は、現在の秦野市立西小学校である。

Shin-Matsuda St. / Kaisei St.

新松田、開成

特急「あさぎり」は松田駅からJR線へ
昭和60年に開業、開成町唯一の鉄道駅

【新松田駅】

開業年	昭和2(1927)年4月1日
所在地	神奈川県足柄上郡松田町松田惣領1356
キロ程	71.8キロメートル(新宿起点)
駅構造	地上駅
ホーム	2面4線
乗降人数	24,124人

【開成駅】

開業年	昭和60(1985)年3月14日
所在地	神奈川県足柄上郡開成町吉田島4300-1
キロ程	74.3キロメートル(新宿起点)
駅構造	地上駅[橋上駅]
ホーム	2面2線
乗降人数	10,424人

開業式典の様子　提供:開成町

△開成駅前第二公園の保存車両（現在）　提供:開成町
小田急の看板列車、特急ロマンスカー「はこね」として活躍したNSE3100形の車両が、開成駅前第二公園に保存されている。

△建設中の開成駅
小田急68番目の駅として建設中だった開成駅。新松田〜栢山間は4.4kmと距離があり、新駅誕生は開成町と町民の長年の願いだった。

▷松田付近の「朝霧」（昭和43年）
小田急の国鉄御殿場線への乗り入れは昭和30年10月からであり、非電化のため、当初は気動車で運行していた。写真は御殿場線電化完了直前の光景。
撮影:荻原二郎

◁開成駅西口（現在）
昭和60年に開業し、30年あまりがたつ開成駅の西口駅前。当初から橋上駅舎を有していた。

　新松田駅は、JR御殿場線の松田駅との連絡駅である。小田急小田原線から御殿場線に入る特急「あさぎり」は、連絡線を通って、松田駅の1番線ホームに入るため、この新松田駅には到着しない。

　新松田駅は昭和2(1927)年4月の開業である。一方、松田駅は御殿場線となる前、東海道線の一部だった官設鉄道の時代、明治22(1889)年2月に開業している。昭和30(1955)年10月、両線の間に連絡線が誕生して準急「銀嶺」「芙蓉」の運転が始まった。

　昭和55年に現在の駅舎が誕生するまで使用されていた開業当時からの駅舎は、向ヶ丘遊園に移設されて、鉄道資料館として使われていた。現在の駅構造は、島式ホーム2面4線を有する地上駅で、駅舎は北口側にあり、ホーム間は跨線橋で連絡している。

　次の開成駅は昭和60年3月に開業した比較的新しい駅である。この駅は足柄上郡開成町に存在する唯一の鉄道駅で、町名がそのまま駅名となっている。この開成町は昭和30年2月、酒田村と吉田島村が合併して誕生した。東日本では、面積が最小の町として知られている。「開成」の町名、駅名は、旧延沢村にあった開成学校から採られている。開成駅は、相対式ホーム2面2線と留置線を有する地上駅である。

昭和38年

🚉 新松田駅

昭和55年に改築される前の新松田駅の北口駅前。広い駅前広場は、バス停留所になっており、左手には売店とハイヤー乗り場が一緒になった小さな建物が見える。

撮影：荻原二郎

🚶 古地図探訪
新松田駅、開成駅付近

小田急線と東海道（現・御殿場）線が交差する松田駅、新松田駅周辺の地図である。現在と大きく異なるのは、東名高速道路・大井松田インターチェンジがないことである。この当時の松田町の市街は、明治以来の駅である松田駅の北側に広がっている。駅の北東に町役場があり、その東側に曹洞宗の寺院、萬松山延命寺が見える。室町時代創建の古刹で境内は広く、明治6年には現在の松田小学校の前身、貫穿舎が設立された。新松田駅の南側には「競馬場」の文字が見える。一方、現在は酒匂川の西側にある開成駅は、まだ開業していない。

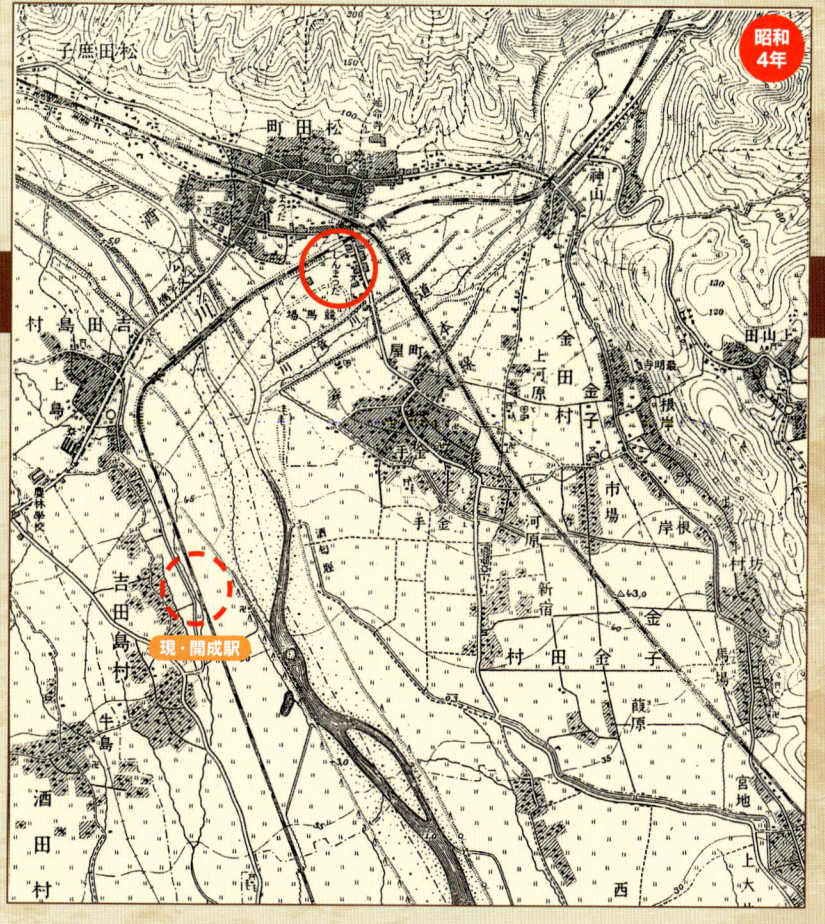

昭和4年

現・開成駅

座間市 / 海老名市 / 厚木市 / 伊勢原市 / 秦野市 / 松田町 / 開成町 / 小田原市

57

Kayama St. / Tomizu St. / Hotaruda St. / Ashigara St.
栢山、富水、蛍田、足柄

小田原市内に栢山・富水・蛍田・足柄駅
「あしがら」は、特急ロマンスカーの愛称に

昭和38年

撮影：荻原三郎

◎栢山駅
広い駅前広場を有する栢山駅の駅前風景。小さな先代駅舎があった頃の姿で、駅前には木製の地図看板があるだけ。右奥には、バス停を示す表示が見える。

◎栢山駅東口 （現在）
三角形の屋根が印象的な栢山駅の駅舎。この東口とともに西口にも改札口がある。

◎蛍田駅西口 （現在）
蛍田駅にはこの西口と東口の改札口があり、ホーム間は跨線橋で結ばれている。

▶富水駅東口 （現在）
跨線橋をもつ地上駅舎の富水駅。この駅前のスペースは広いものの、路線バスは乗り入れていない。

【栢山駅】

開業年	昭和2(1927)年4月1日
所在地	神奈川県小田原市栢山2636
キロ程	76.2キロメートル(新宿起点)
駅構造	地上駅
ホーム	2面2線
乗降人数	9,650人

【富水駅】

開業年	昭和2(1927)年4月1日
所在地	神奈川県小田原市堀ノ内242
キロ程	77.8キロメートル(新宿起点)
駅構造	地上駅
ホーム	2面2線
乗降人数	6,966人

【蛍田駅】

開業年	昭和27(1952)年4月1日
所在地	神奈川県小田原市蓮正寺319
キロ程	79.2キロメートル(新宿起点)
駅構造	地上駅
ホーム	2面2線
乗降人数	6,293人

【足柄駅】

開業年	昭和2(1927)年4月1日
所在地	神奈川県小田原市扇町3-32-27
キロ程	80.8キロメートル(新宿起点)
駅構造	地上駅
ホーム	2面3線
乗降人数	3,303人

　新宿から進んできた小田原線は、いよいよ終着駅の小田原に近づいてくる。小田原市内に入って最初の駅が栢山駅である。この駅の開業は昭和2(1927)年4月。この「栢山」の地名、駅名は、「賀山」から変化したとされる。

　次の富水駅も同じく昭和2年4月の開業である。「富水」の地名、駅名は、酒匂川や狩川の水を引いた用水路や、湧き水などが豊富な土地であることを示している。一方、蛍田駅は昭和27(1952)年4月の戦後に開業した駅である。この駅周辺にも、美しい水の流れがあり、蛍（ホタル）の名所だったことから、「蛍田」と名付けられた。

　これらの3駅も小田急線の中では、利用者の少ない駅ではあるが、全線で最も利用者の少ないのが次の足柄駅である。この駅も昭和2年4月の開業で、当時は足柄下郡足柄村にあった。明治41(1908)年4月、久野村、富水村などが合併して、足柄村が誕生。昭和15年2月に町制を施行し、足柄町となり、昭和15年12月に小田原市の一部となるまで存在した。

　「足柄」といえば、思い出されるのは、金太郎伝説で知られる足柄山（金時山）である。この「足柄」は足柄山地、足柄峠の存在もあり、地名（郡名・市名）としても広く使われてきた。また、「あしがら」は特急ロマンスカーの愛称として使用されていた。

▶蛍田駅

戦後生まれの蛍田駅は、太い柱と高い屋根をもつ、がっしりとした建物だった。ホームには列車の姿がある。

撮影：荻原二郎

昭和38年

▶足柄駅

小田急で最も利用者が少ない駅であり、駅舎も小さいサイズではあるが、構内には車庫の名残の留置線が広がる。

現在

▲富水駅

お隣の栢山駅とほぼ同じ構造で、駅名看板も同じ形式だった富水駅。駅前広場は広いものの、現在も路線バスなどは乗り入れていない。

昭和38年
撮影：荻原二郎

▲足柄駅

かつては日本専売公社小田原工場へ向かう専用線が分岐していた足柄駅。右手に見えるホームは、単式1面1線、島式1面2線の計3線を有していた。

昭和38年
撮影：荻原二郎

古地図探訪
栢山駅、富水駅、蛍田駅、足柄駅付近

　酒匂川の西側を南下する小田急線には、栢山、富水、足柄の3駅が置かれている。富水駅と足柄駅の中間に存在する蛍田駅は、昭和27年の開業であり、この地図上には見えない。また、小田急線の西側には、洞川、狩川の流れがあり、豊かな水の恵みがある地域を示している。この当時、北には桜井村、曽我村、南には足柄村があったが、小田急線の沿線部分は現在、小田原市になっている。また、曽我村の一部は大井町に変わっている。地図外ではあるが、酒匂川の対岸には、東海道（現・御殿場）線が国府津駅に向かい、南東に延びている。

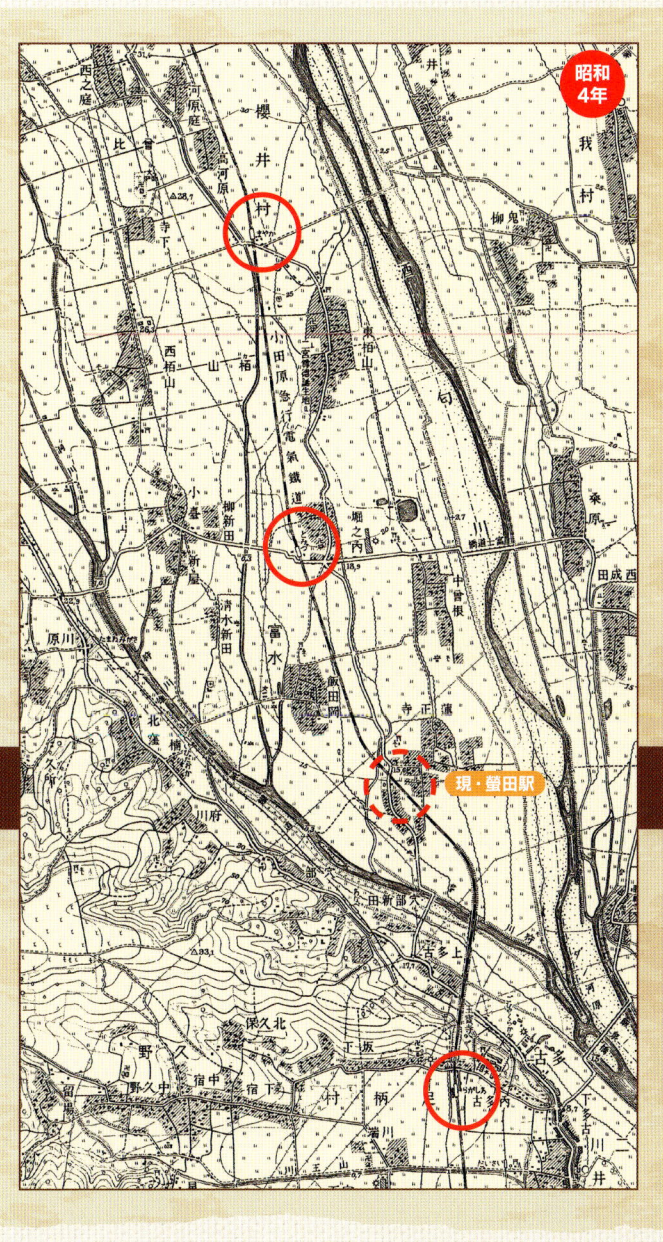

昭和4年

現・蛍田駅

座間市　海老名市　厚木市　伊勢原市　秦野市　松田町　開成町　小田原市

59

Odawara St.

小田原
おだわら

ロマンスカーは、箱根登山鉄道に直通も
東海道線・東海道新幹線、大雄山線と接続

【小田原駅】

開業年	昭和2(1927)年4月1日
所在地	神奈川県小田原市城山1-1-1
キロ程	82.5キロメートル(新宿起点)
駅構造	地上駅[橋上駅]
ホーム	3面4線
乗降人数	32,776人

▶**小田原城**（現在）
戦国の名称、北条早雲が築いた小田原城は、天下の名城として時代を超え、現在も美しい姿を保っている。

（昭和戦前期）
所蔵：生田 誠

▲**小田原駅**
乗合自動車(バス)、円タク(タクシー)が並んだ小田急駅の駅前風景。この駅舎は時代の波を乗り越えて、平成10年代まで使われていた。

（昭和35年）撮影：荻原二郎

▲**小田原駅の2300形**
ロマンスカーの増備形式で、特急初の高性能車。昭和30年に4両編成1本を新製した。写真は週末準特急「湯坂」号。

▶**小田原駅のホーム**
デキ1040形の電気機関車が停車している小田原駅のホーム。貨物列車の牽引で活躍していたが、平成8年に廃車となった。

（現在）
▶**小田原駅東口**
橋上駅舎に変わった現在の小田原駅。東海道線、東海道新幹線のホームに挟まれる形で、小田急のホームが存在する。

（昭和46年）撮影：荻原二郎

　現在の小田急電鉄は、開業当時、小田原急行電鉄の社名を名乗っていた。これは文字通り、東京(新宿)から小田原に至る鉄道であったことを意味する。

　小田原は江戸時代、東海道を代表する宿場町であり、小田原駅は小田急線とともに、東海道本線(上野東京ライン・湘南新宿ライン)、東海道新幹線、箱根登山鉄道、伊豆箱根鉄道の連絡駅となっている。

　小田急小田原線の開業は昭和2(1927)年4月、また、国鉄東海道本線に小田原駅が開業したのは大正9(1920)年10月で、当時は熱海線の終着駅であり、それほど古いことではない。これは当時の東海道本線が国府津から御殿場を経て沼津に至る、現在の御殿場線のルートをとっていたからである。

　現在の小田原駅は、1・2番線を伊豆箱根鉄道大雄山線、3～6番線を東海道本線、7・11番線を箱根登山鉄道、8～10番線を小田急線、13・14番線を東海道新幹線が利用している(12番線は現在、使用されていない)。小田急線から箱根登山鉄道線に乗り入れる列車は、7・10番線を使用している。

　小田原の地名の由来には諸説がある。古来、この地は「小由留木」と呼ばれていたが、その草書体が読み間違えられたという説が存在する。また、原野を開墾して小田になったという説、田原、野原が続いていたからという説などもある。

昭和29年

◀ 小田原駅
小田原駅前に箱根登山鉄道小田原市内線の停留場があった。右側の201号は元都電、左側の203号は元玉電の車両で、市内線廃止後は長崎電軌に譲渡された。

撮影：荻原二郎

古地図探訪
小田原駅付近

昭和4年

箱根登山鉄道、伊豆箱根鉄道大雄山線が小田原駅に乗り入れる前であり、国鉄東海道本線、小田急小田原線の接続駅だった頃の姿である。小田原城は駅の南側にあり、東海道の宿場町だった小田原の市街は、東海道が通っていた南東側に広がっていたことがわかる。小田原城の付近には、3つの「文」の地図記号が見えるが、現在は神奈川県立旭丘高等学校、小田原市立三の丸小学校が存在する。また、二宮尊徳ゆかりの報徳二宮神社が鎮座し、現在は報徳博物館も開館している。現在は、相模湾の海岸線を西湘バイパスが走っている。

座間市 海老名市 厚木市 伊勢原市 秦野市 松田町 開成町 小田原市

61

昭和
28年

撮影：高橋 弘

🔺箱根湯本駅に停車する特急「乙女」
昭和25年「乙女」「あしがら」「明神」「はこね」の愛称をもつ特急が登場。当時、小田急ロマンスカーのシンボルといわれた「ヤマユリ」のアルミ製エンブレムが車体中央腰部に取り付られている。

昭和
38年

撮影：荻原二郎

🔺箱根湯本駅
大正8年に開業し、「箱根七湯」の玄関口となってきた、箱根登山鉄道鉄道線の箱根湯本駅。昭和25年からは小田急の列車乗り入れが始まり、新宿駅から乗り換えなしで、リゾート地・箱根に行くことができるようになった。

▲箱根湯本付近

箱根湯本駅を出て小田原駅に向かう、箱根登山鉄道の111号。左手には、正月の箱根駅伝でおなじみの国道1号と早川の流れがある。

▲箱根板橋付近

箱根板橋付近のカーブ区間を行く、新宿行きの急行列車。奥に見える東海道新幹線の高架線をくぐり、小田原駅に向かって走る。

▲箱根登山鉄道の入生田駅

単線のため列車同士が交換する光景。3線軌条の複雑なポイントの様子がわかる。小田急としては箱根登山鉄道への乗り入れが、安定した利用客の確保につながると考えた。

昭和32年当時の時刻表

当時の新宿～箱根湯本間の特急ロマンスカー所要時間は1時間30分で、現在の最速列車とあまり変わらない。特急料金は130円であった。新宿～小田原間の運賃は当時170円、現在は880円である。

強力なディーゼルエンジンを積み、新宿～御殿場間を疾走した気動車準急の所要時間は1時間45分。現在の東名高速道路経由の高速バスが最速1時間30分であることを考えれば、やはり当時としては画期的なスピードであった。

「国鉄監修時刻表」（昭和32年3月号）日本交通公社

第2部
江ノ島線

相模大野駅から小田原線と分かれ、片瀬江ノ島駅に向かうのが江ノ島線である。当初は藤沢線、片瀬線として計画され、昭和4（1929）年4月1日、大野信号所（現・相模大野駅）～片瀬江ノ島間の27.6kmが開業した。駅の数は17である。当初は江の島、鵠沼海岸といった観光地に向かう路線の色合いが濃かったが、中央林間（都市）、湘南台など沿線の住宅地の開発で、近年は通勤・通学路線としての役割が強くなっている。

昭和50年

撮影：J.WALLY HIGGINS

大和駅付近の相模鉄道線を跨ぐため坂を上っている光景。江ノ島線でも高性能のSE3000形は大活躍をした。

Higashi-Rinkan St. / Chuo-Rinkan St.

東林間、中央林間

小田急の林間都市計画で、両駅が誕生
中央林間駅で、東急田園都市線と連絡

【東林間駅】

開業年	昭和4(1929)年4月1日
所在地	神奈川県相模原市南区上鶴間7-7-1
キロ程	1.5キロメートル(相模大野起点)
駅構造	地上駅[橋上駅]
ホーム	2面2線
乗降人数	21,266人

【中央林間駅】

開業年	昭和4(1929)年4月1日
所在地	神奈川県大和市中央林間3-3-8
キロ程	3.0キロメートル(相模大野起点)
駅構造	地上駅
ホーム	2面2線
乗降人数	95,950人

昭和40年

◀東林間駅
独特の屋根をもつ木造駅舎だった頃の東林間駅。一段と高く掲げられた駅名看板とともに、アルファベットの文字で作られた表示も見える。
撮影:荻原二郎

現在

▶東林間付近
マンションが建ち始めた東林間付近を走る片瀬江ノ島行きの各駅停車。小田急江ノ島線も多くの通勤、通学客を輸送する路線となってきた。

◀東林間駅
昭和57年に橋上駅舎と東西自由通路をもつ駅に生まれ変わった東林間駅。周囲も閑静な住宅地になっている。

昭和62年

撮影:荻原二郎

　相模大野駅で小田原線と分かれた江ノ島線は、南東に進んで東林間駅に至る。この駅も相模原市南区にある。
　東林間駅の開業は昭和4(1929)年4月で、開業当時は東林間都市駅を名乗っていた。昭和16年10月、他の2駅とともに「都市」を除いた現在の駅名に改称している。
　次の中央林間駅は大和市内にあり、現在は東急田園都市線との連絡駅となっている。小田急の駅の開業は昭和4年4月で、当時は中央林間都市駅を名乗っていた。昭和59(1974)年4月に田園都市線が延伸し、その終点駅である東急の中央林間駅が開業している。東林間駅と同様、昭和16年10月に現在の駅名に改称した。
　この2駅は次の南林間駅ともに昭和2年、小田急により計画された「林間都市」の開発計画の中で誕生した。この計画は、東急の田園都市などと同様に電鉄会社が沿線に計画都市を生み出すもので、現在の相模原市、大和市にまたがり、南林間駅周辺に放射状の道路、碁盤目状の住宅地を開発し、豊かな緑の中に公会堂やテニスコート、学園などを建設するものであった。その後、田園都市線の開通などもあって、首都圏のベッドタウンに発展している。

中央林間駅

現在の姿からは想像できないような、小さな規模だった頃の中央林間駅。駅前にある広場は未舗装で、松林の緑に囲まれた静かな環境だった。

提供:大和市

昭和33年

中央林間駅

相対式2面2線のホームをもつ中央林間駅だが、東急田園都市線との連絡駅であり、北口と南口の改札口には高低(段)差が存在する。

現在

中央林間駅

木造駅舎だった頃の中央林間駅の駅舎正面である。東急田園都市線の開業前で、駅前には電話ボックスがあるだけだった。

撮影:山田虎雄

昭和44年

古地図探訪

東林間駅、中央林間駅付近

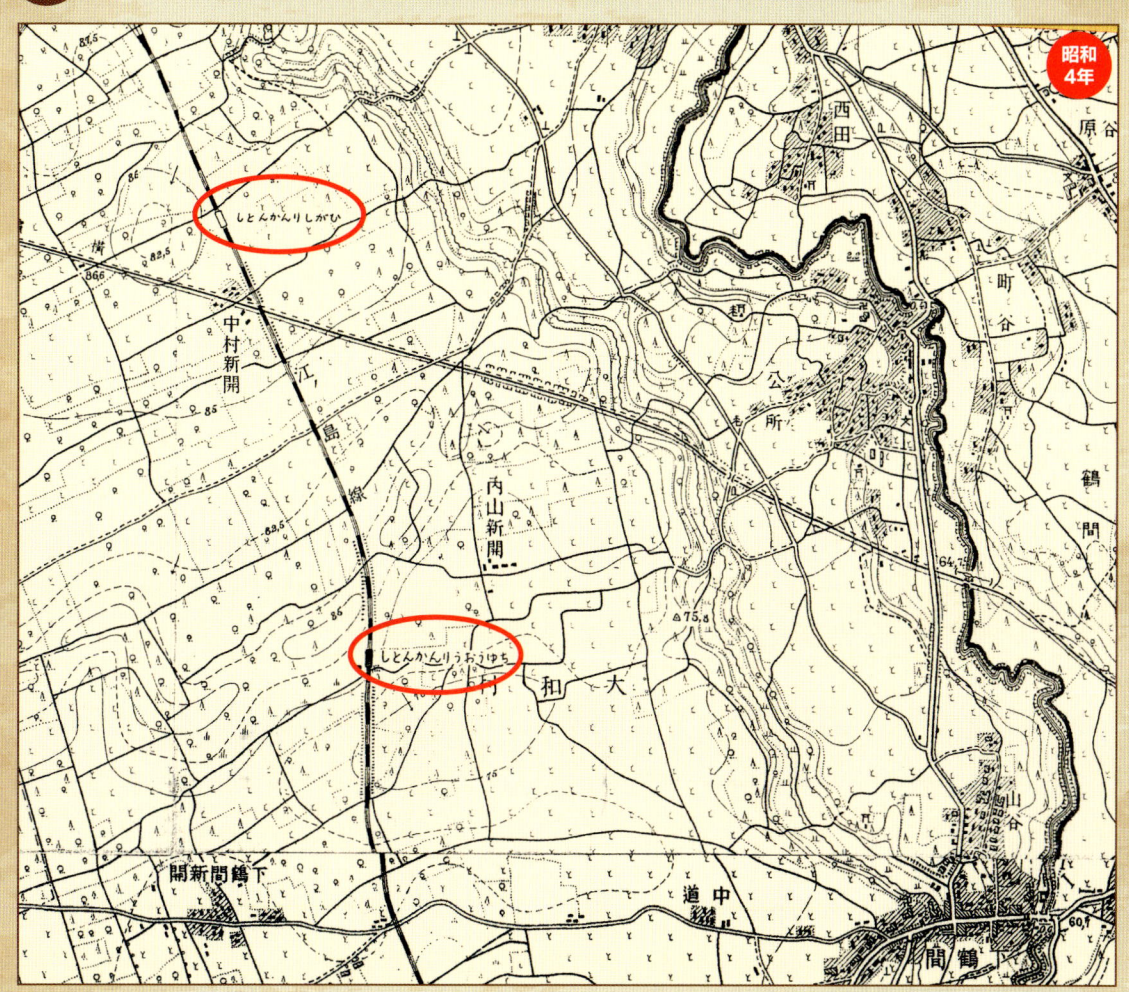

昭和4年

桑畑などが広がる大和村(現・大和市)の中央部分を小田急江ノ島線が南下し、東林間都市(現・東林間)駅、中央林間都市(現・中央林間)駅が置かれている。この時点では、林間都市の開発計画は、まだ十分に進行していなかった。地図上には、「中村新開」「内山新開」「下鶴間新開」などの地名が見え、「新しく開かれた」土地であることがわかる。地図の南(下)側、中央林間都市駅の南側を東西に走るのは、座間街道とも呼ばれる現在の神奈川県道50号である。また、現在は小田急線の東側を、国道16号(東京環状)が通っている。

相模原市南区 大和市 藤沢市 川崎市麻生区 多摩市

67

Minami-Rinkan St. / Tsuruma St.

南林間、鶴間
みなみ　りん　かん　　つる　ま

南林間駅は、「南林間都市」駅で開業
鶴間駅は、大和市役所の最寄り駅に

【南林間駅】

開 業 年	昭和4（1929）年4月1日
所 在 地	神奈川県大和市南林間1-6-11
キ ロ 程	4.5キロメートル（相模大野起点）
駅 構 造	地上駅[橋上駅]
ホ ー ム	2面2線
乗降人数	33,731人

【鶴間駅】

開 業 年	昭和4（1929）年4月1日
所 在 地	神奈川県大和市西鶴間1-1-1
キ ロ 程	5.1キロメートル（相模大野起点）
駅 構 造	地上駅[橋上駅]
ホ ー ム	2面2線
乗降人数	28,645人

昭和33年

現在

提供：大和市

南林間駅東口
橋上駅舎に生まれ変わり、駅前の風景もすっかり変わった南林間駅の東口。ここかは、大和市のコミュニティバスが発着している。

南林間駅
地上駅舎だった頃の南林間駅は、石を固めた装飾のあるどっしりとした柱が特徴的だった。駅前にも緑の木々が多く、駅名にふさわしい雰囲気があった。

現在

鶴間駅
地上駅舎だった頃の鶴間駅の駅前風景で、路線バスが2台停車している。駅舎、改札口の前には多くの人が見える。昭和55年10月、駅改良工事で橋上駅舎、東西自由通路が完成し、風景はすっかり変わった。

鶴間駅東口
鶴間駅の南側には厚木街道が通る。橋上駅舎の出入り口がある東口側は、すぐに道路に面しており、狭い空間しかない。

昭和33年

提供：大和市

　この南林間駅は東林間駅、中央林間駅と同様、昭和4（1929）年4月に開業した。当時は南林間都市駅であったが、昭和16年10月に南林間駅に改称している。また、当初は駅名を「相模ヶ丘」とする計画もあったという。現在は、相対式2面2線を有する地上駅で、橋上駅舎を有している。

　次の鶴間駅も、同じく昭和4年4月の開業である。駅名の「鶴間」は、かつてこのあたりに存在した下鶴間村から採用されているが、もともと「鶴間」は現在の大和市、相模原市、町田市にまたがる広域の地名だった。現在も3つの市内にそれぞれ「鶴間」の地名が存在する。

この駅は、昭和34年に誕生した大和市の市役所の最寄り駅となっている。

　江戸時代以前の大山街道（矢倉沢往還）には、下鶴間宿が置かれ、伊能忠敬や渡辺崋山らが宿泊したことでも知られる。相模国（現・神奈川県）高座郡には、下鶴間村があり、明治22（1889）年4月に鶴見村の一部となった。この鶴見村が2年後に大和村と改称し、現在の大和市の前身となっている。

　現在の鶴間駅は、相対式2面2線を有する地上駅である。昭和55（1980）年10月、橋上駅舎と東西自由通路が完成している。

◎鶴間駅の構内踏切

鶴間駅に到着した1200形編成。片瀬江ノ島行きの列車から降りて、構内踏切を渡る人々。コート姿が目立つ冬の情景である。

提供:大和市

昭和41年

🚶 古地図探訪

南林間駅、鶴間駅付近

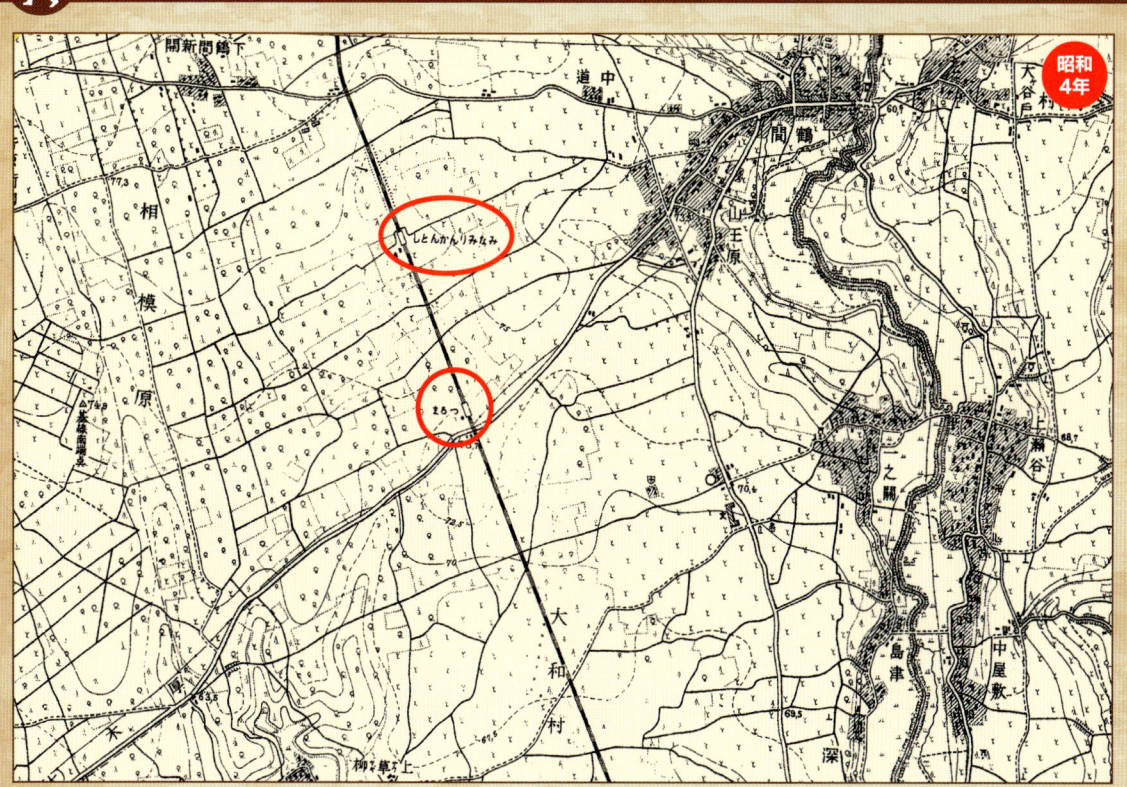

昭和4年

　地図上には南林間都市（現・南林間）駅と鶴間駅が置かれており、両駅の距離がかなり近いことがわかる。この駅間は約0.6kmで、中央林間都市～南林間都市間の約1.5kmに比べると半分以下である。鶴間駅のすぐ南側には、厚木街道（大山道）が通っている。現在はその南側に、国道246号の大和厚木バイパス、東名高速道路が走っている。この当時、小田急線の沿線、西側にはほとんど集落はなく、東側に「鶴間」「山王原」「上瀬谷」などの集落が見える。鶴間駅の南東には大和村の村役場があり、現在もこの付近に大和市役所が置かれている。

Yamato St.
大和
やまと

大正15年、神中鉄道の大和駅が誕生
昭和4年の開業当時、西大和駅を名乗る

【大和駅】
開 業 年	昭和4（1929）年4月1日
所 在 地	神奈川県大和市大和南1-1-1
キ ロ 程	7.6キロメートル（相模大野起点）
駅 構 造	高架駅
ホ ー ム	2面4線
乗降人数	114,295人

大和駅（昭和32年）
小田急と相鉄が地上で連絡していた頃の大和駅で、高架上の小田急の駅舎はまだ木造の小さな建物だった。右手奥には、公認大和洋裁女学校（大和ドレスメーカー女学院）のビルが見える。

大和駅（現在）
小田急、相鉄線の連絡駅として発展を遂げている大和駅。駅ビル「プロス」は地下1階、地上4階のショッピングビルとなっている。

大和駅（昭和39年）
小田急の大和駅の前には、飛行場正門行のボンネットバスが見える。相模鉄道線（下）と小田急線（上）が立体交差していた頃の風景である。

大和マーケット（昭和40年頃）
夏祭りの最中なのか、提灯が掛けられ、買い物客で賑うアーケード商店街、大和マーケット。昭和の雰囲気が漂う風景となっている。

　ほぼ南北に進む小田急江ノ島線、東西に進む相模鉄道本線が交差する連絡駅が大和駅である。駅の歴史は、神中鉄道時代の大正15（1926）年5月に開業した現・相模鉄道の駅が古く、小田急の駅は昭和4（1929）年4月に開業した。開業当時の駅名は「西大和」で、先にあった相鉄（神中）の駅の西側にできたことで「西」が冠せられた。昭和19年、相鉄の駅を相模大塚寄りに約200m移動させ、両者は連絡駅となった。小田急の駅名は「大和」に改称されている。

　やがて、駅周辺の渋滞解消などを目的として、昭和61（1986）年から駅舎全面改良、連続立体工事が始まり、工事は平成6（1994）年まで続いた。工事中、相鉄の駅は元あった東側に移動していたが、平成5年8月、現在の地下駅が完成している。小田急の駅は、島式ホーム2面4線を有する、江ノ島線唯一の高架駅である。

　駅の所在地は、小田急が大和市南1丁目、相鉄が大和市中央2丁目である。市制が敷かれる前の大和市は、高座郡大和町（旧・大和村）で、以前は鶴見村と呼ばれていた。市内には小田急、相鉄とともに東急田園都市線が通り、交通の発達で人口は増加している。平成7（1995）年には、人口は20万人を超え、神奈川県有数のベッドタウンとなっている。

大和中央通り
昭和37年

「盆おどりコンクール大会」の横断幕が掛かる大和中央通の商店街。アーケードの上には、右に横浜銀行、左に八千代信用金庫の支店看板が見える。

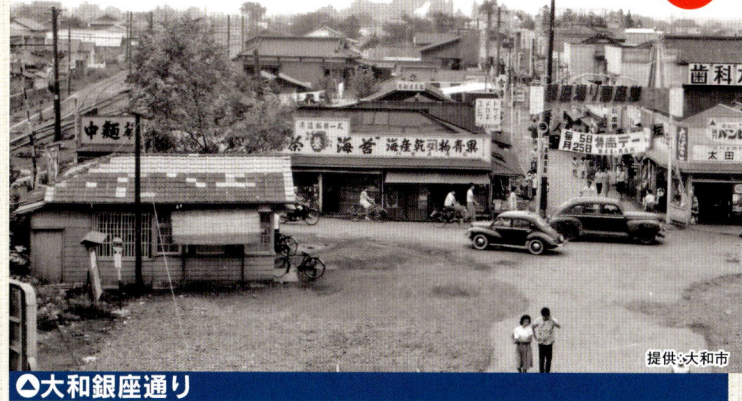

大和銀座通り
昭和33年

小田急大和駅の駅前から藤沢街道方面へ、東に真っすぐ延びる大和銀座通り商店街。昔も今も買い物客で賑いを見せている。

古地図探訪　大和駅付近

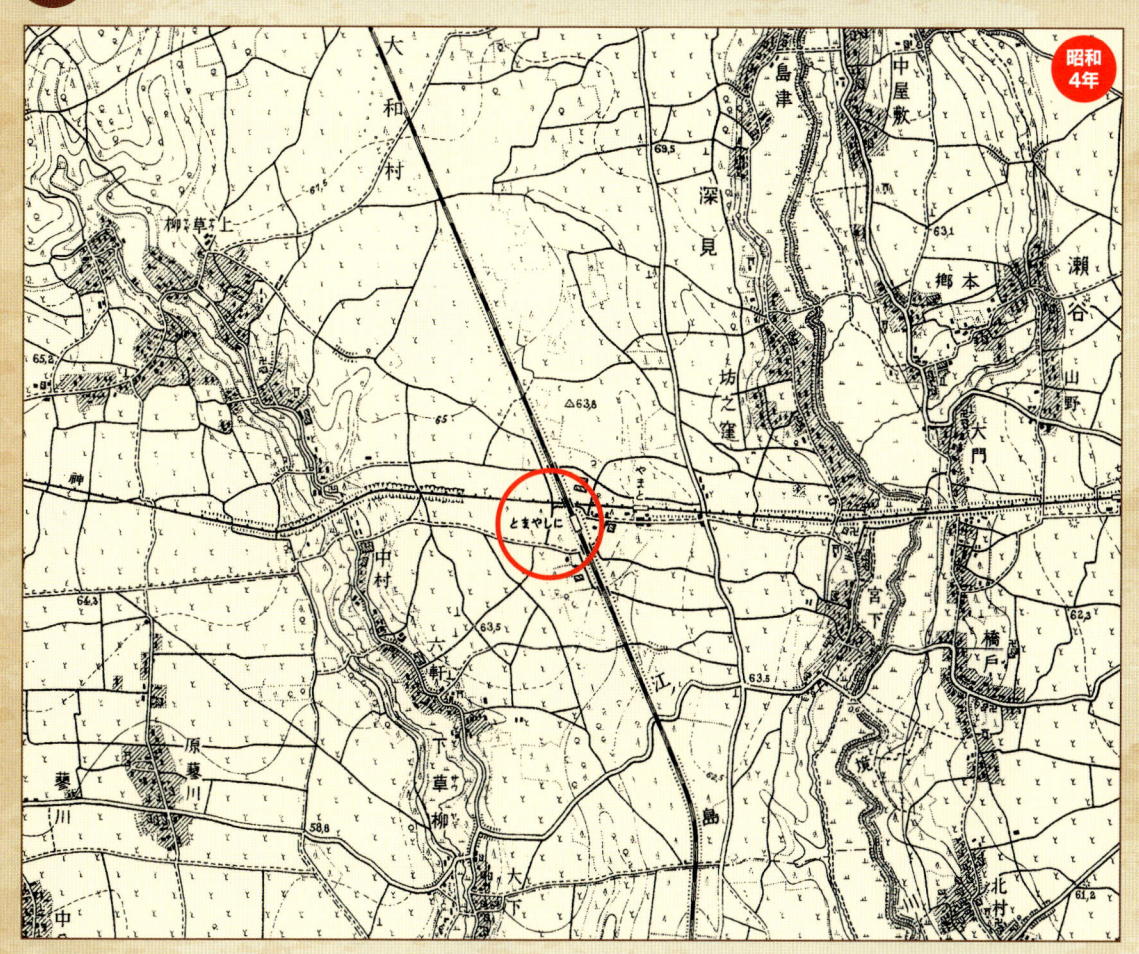

昭和4年

小田急江ノ島線と神中鉄道（現・相模鉄道）が交差する南側に、小田急の西大和（現・大和）駅が置かれている。この時代、神中鉄道の大和駅は少し離れた東側にあった。しかし、この当時の大和村（現・大和市）には桑畑が広がっているばかりで、両駅付近にはほとんど家屋は見えない。その東側には、藤沢街道（国道467号）が南北に走っている。駅の東側には「坊之窪」「大門」「橋戸」などの集落がある。「宮下」の付近にある「卍」のマークは、浄土宗の寺院、仏導寺で、その南側には深見神社が鎮座している。また、駅の北西、現在は、東名高速道路が通る付近に善徳寺が存在する。

Sakuragaoka St. / Koza-Shibuya St.
桜ヶ丘・高座渋谷

小栗判官伝説の「桜株」から「桜ヶ丘」
郡名の「高座」、村名の「渋谷」で駅名

【桜ヶ丘駅】
開業年	昭和27(1952)年11月25日
所在地	神奈川県大和市福田5522
キロ程	9.8キロメートル(相模大野起点)
駅構造	地上駅[橋上駅]
ホーム	2面2線
乗降人数	20,749人

【高座渋谷駅】
開業年	昭和4(1929)年4月1日
所在地	神奈川県大和市福田2019
キロ程	11.8キロメートル(相模大野起点)
駅構造	地上駅
ホーム	2面2線
乗降人数	23,737人

昭和40年
撮影:荻原二郎

◎桜ヶ丘駅
この頃は、桜ヶ丘駅の駅前の広場も道路も、まだ未舗装の状態で、駅前には電話ボックスだけが存在した。出札口で駅員が切符を売っていた頃の風景である。

▶桜ヶ丘駅のホーム
桜ヶ丘駅のホーム上の待合室で列車を待つ人の姿がある。手前にはバス停の看板も。

昭和33年
提供:大和市

◀高座渋谷駅のホーム
相対式2面2線のホームを有する高座渋谷駅。列車が通り過ぎた踏切を歩く人の姿がある。

昭和33年
提供:大和市

　昭和27(1952)年11月、大和〜高座渋谷間に開業したのが桜ヶ丘駅である。この「桜ヶ丘」の駅名は、付近に小栗判官の伝説に基づく「桜株」という地名があることから選ばれた。現在の駅の構造は、相対式ホーム2面2線をもつ地上駅で、橋上駅舎をもつ。

　駅の西側には、在日アメリカ軍の厚木基地が広がる。もともとは、帝都(東京)防衛のために建設された日本海軍の厚木基地で、戦後はアメリカ軍と海上自衛隊が共同で使用している。

　高座渋谷駅は現在、大和市にあるが、昭和4(1929)年4月の開業時には高座郡渋谷村にあった。国鉄の山手線に渋谷駅があるため、郡名を冠した駅名となった。昭和27年11月、桜ヶ丘駅の開業により、約600m長後寄りに移転している。

　この渋谷村は、中世に関東の広い地域を支配した、渋谷氏の発祥の地とされる「渋谷庄」に由来する。東京の渋谷(区)の由来は、この渋谷庄の人が開拓したことからという説もあり、渋谷駅とは姉妹駅の関係ともいえる。一方、現在も郡名に残る「高座」はもともと「高倉(たかくら)」であったといわれる。かつては綾瀬市、海老名市、相模原市、座間市、茅ケ崎市、藤沢市、大和市を含む広い地域だった。

▶高座渋谷駅
四角形を組み合わせたような独特の外観をもっていた、かつての高座渋谷駅。駅前に止まるスクーターとの組み合わせも絶妙である、右側のホームには、回送列車の姿も見える。

▼高座渋谷駅のホーム
ホームに停車する各駅停車。地下を走る東海道新幹線が開業した翌年で、駅の周辺はまだ開発されていなかった。

昭和40年

撮影：荻原三郎

昭和40年

撮影：荻原三郎

現在

▲高座渋谷駅
この高座渋谷駅の地下には、駅を横切る形で東海道新幹線が横切っている。西口側には、再開発ビル「IKOZA」が誕生している。

現在

▲桜ヶ丘駅西口
昭和53年3月、橋上駅舎と東西自由通路が完成し、近代的な駅になった桜ヶ丘駅。この西口からは、神奈川中央交通の路線バスなどが発着する。

古地図探訪　桜ケ丘駅、高座渋谷駅付近

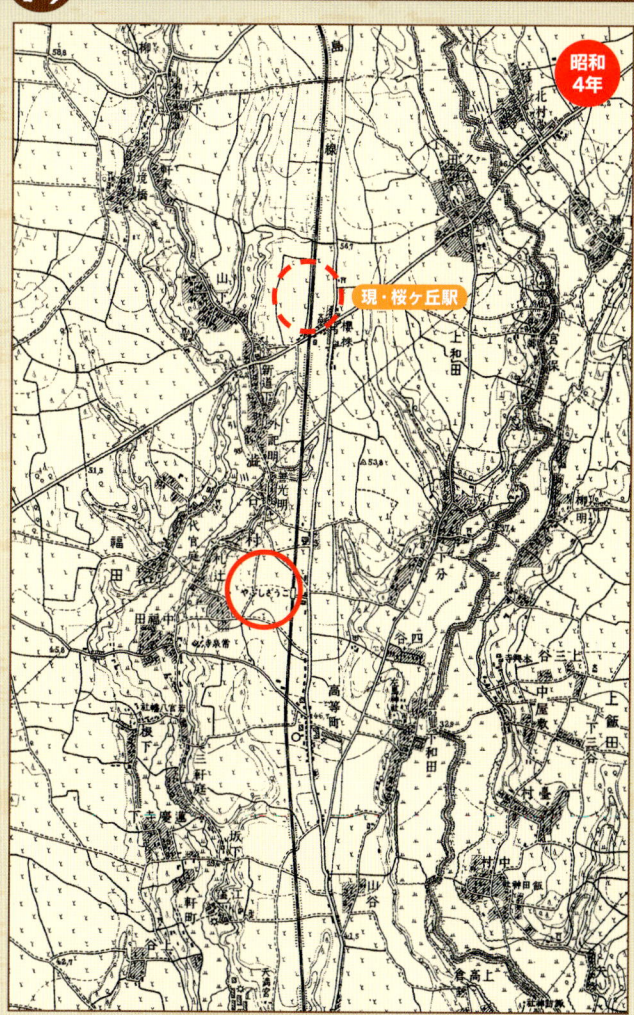

昭和4年

現・桜ケ丘駅

このあたりの小田急線江ノ島線は、同じく藤沢に至る藤沢街道（国道467号）と並行して走っている。桜ケ丘駅はこの当時は存在せず、南側に高座渋谷駅が存在する。現在はこの駅の南側を東海道新幹線が横切り、付近の風景は大きく変わっている。駅の西側、引地川沿いには、常泉寺、若宮八幡社などが存在し、渋谷村の集落が続いていた。一方、東側には「下分」「四谷」などの集落が見え、本興寺、左馬神社などがあった。現在は、駅の北東にイオン大和ショッピングセンターが誕生し、周辺は開発が進んでいる。

相模原市南区 / 大和市 / 藤沢市 / 川崎市麻生区 / 多摩市

73

Chogo St. / Shonandai St.

長後、湘南台

開業時は「新長後」、昭和33年に改称
湘南台では相鉄、横浜市営地下鉄と接続

【長後駅】
開業年	昭和4(1929)年4月1日
所在地	神奈川県藤沢市下土棚472
キロ程	14.0キロメートル(相模大野起点)
駅構造	地上駅[橋上駅]
ホーム	2面4線
乗降人数	35,272人

【湘南台駅】
開業年	昭和41(1966)年11月7日
所在地	神奈川県藤沢市湘南台2-15
キロ程	15.8キロメートル(相模大野起点)
駅構造	地上駅
ホーム	2面2線
乗降人数	88,380人

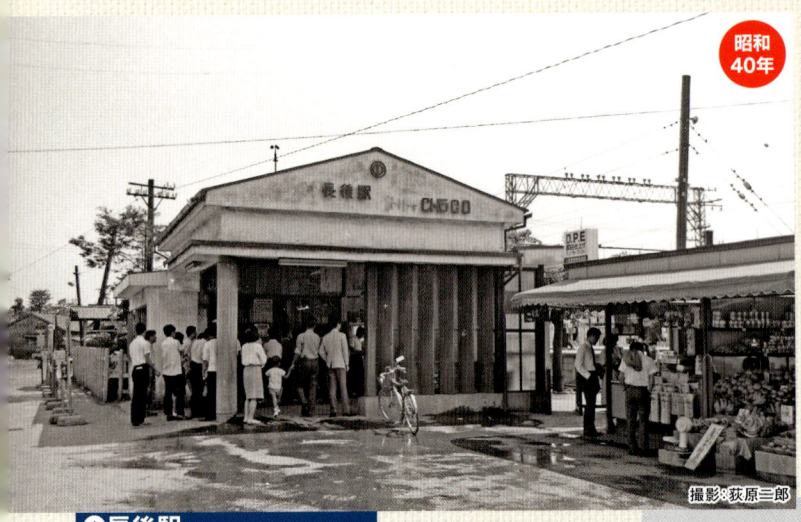

昭和40年

昭和40年

◎長後付近を走る1400形
昭和4年の江ノ島線開業時に増備された車両。昭和29年の更新後、43年までに引退し、一部は全国各地の地方私鉄に譲渡された。
撮影：荻原二郎

◎長後駅
駅名改称から7年を経た長後駅だが、駅舎の正面に見える駅名表示には「新」の文字が消された跡が残っている。右側の売店の横は、青果を売る食料品店があった。

▷湘南台駅
昭和41年12月、誕生して1ヶ月だった頃の湘南台駅で、駅前はまだ未整備の状態である。この33年後の平成11年に地下駅に変わっている。

現在

◁長後駅
橋上駅舎を有する大きな駅に成長した長後駅。近年は利用客がお隣の湘南台駅に移り、乗降客数も減少している。

昭和41年

撮影：荻原二郎

　現在の長後駅は、昭和4(1929)年4月の開業当時は新長後駅で、昭和33(1958)年4月に改称されるまで使われていた。「長後」の地名は、もともと「長郷」であったといわれ、また、渋谷庄司重国入道長後坊が居を構えたことによるという説も存在する。
　江戸時代には、大山街道と滝山街道が交差する長後宿が置かれて宿場町として栄え、その後は製糸工場などもできた。しかし、現在の駅のあるのは(渋谷村)長後地区ではなく、隣の六会村であったため、「新」がつく駅名になったとされる。
　次の湘南台駅は、相鉄いずみ野線、横浜市営地下鉄1号線(ブルーライン)との接続駅である。駅の開業は小田急が最も早い昭和41年11月で、平成11(1999)年の3月に相鉄駅、8月に地下鉄駅が相次いで延伸してきて開業した。相鉄と地下鉄は地下駅であり、小田急は地上駅であるが、改札口は地下に設けられている。比較的新しい駅であり、駅名は広く知られた「湘南」地方を見下ろす高台にあることから、「台」と組み合わせて命名された。
　この駅は、慶応義塾大学湘南藤沢キャンパス、文教大学湘南キャンパス、湘南ライフタウンへの玄関口であり、多くの路線バスが駅前に乗り入れ、学生らの利用者も多くなっている。

古地図探訪

長後駅、湘南台駅付近

昭和4年

南北にほぼ真っすぐ走る小田急江ノ島線には、新長後（現・長後）駅が置かれている。南側の湘南台駅は昭和41年の開業であり、この当時は存在しなかった。さらに平成11年に相鉄のいずみ野線が延伸し、連絡駅となっている。新長後駅の東側、2本の道路が交わる「藪鼻」は交通の要地であり、渋谷村の中心地となって郵便局や学校が置かれていた。この小田急線の西側には、引地川が流れている。湘南台駅の付近、引地川の西側には現在、いすゞ自動車藤沢工場が広がり、神奈川県立湘南台高校が開校している。

Mutsuai-Nichidai-mae St. / Zengyo St. / Fijisawa-hommachi St.

六会日大前、善行、藤沢本町

六会日大前は、日大湘南校舎の最寄り駅
善行は寺号から、宿場近くに藤沢本町駅

【六会日大前駅】

開業年	昭和4(1929)年4月1日
所在地	神奈川県藤沢市亀井野1-1-1
キロ程	17.3キロメートル(相模大野起点)
駅構造	地上駅[橋上駅]
ホーム	2面2線
乗降人数	29,703人

【善行駅】

開業年	昭和35(1960)年10月1日
所在地	神奈川県藤沢市善行1-27
キロ程	19.7キロメートル(相模大野起点)
駅構造	地上駅[橋上駅]
ホーム	2面2線
乗降人数	26,722人

【藤沢本町駅】

開業年	昭和4(1929)年4月1日
所在地	神奈川県藤沢市藤沢3-3-4
キロ程	21.3キロメートル(相模大野起点)
駅構造	地上駅
ホーム	2面2線
乗降人数	21,317人

昭和40年

撮影:荻原二郎

◎六会駅
駅名改称される前、六会駅だった頃の小さな駅舎。駅名改称の3年前、平成7年4月に橋上駅舎に変わった。

昭和40年
撮影:荻原二郎

▶善行駅
開業から1年半ほどたった頃の善行駅。平仮名の駅名看板はまだ初々しい状態である。右手の電話ボックス横、駆け出す女性がいる風景をとらえたもの。

◀藤沢本町駅
藤沢本町駅のホームに「えのしま」のヘッドマークをつけた列車が到着する。この頃のホームには、現在のような屋根は付けられていなかった。

昭和37年
撮影:荻原二郎

　六会日大前駅は、昭和4(1929)年4月、六会駅として開業している。この「六会」とは、明治22(1889)年4月、高座郡の円行村など6村が合併して誕生した六会村の名称が採用された形である。その後、この駅付近に日本大学湘南校舎が誕生したことで、「湘南日大前」の駅名が提案されたが、平成10(1998)年8月に地元の要望を取り入れて、旧駅の名称も残した六会日大前となった。駅の構造は、相対式ホーム2面2線の地上駅で、橋上駅舎を有している。
　次の善行駅は昭和35(1960)年10月、善行団地の開発に伴い設置された駅である。この「善行」は江戸時代、この地にあった善行寺にもとづくもので、その後は集落の名称にもなっていた。善行駅の藤沢側には、江ノ島線で唯一のトンネルが存在する。この駅も相対式ホーム2面2線の地上駅で、橋上駅舎を有している。
　藤沢本町駅は、「本町」の名称が示すように、旧東海道(現・県道43号)の藤沢宿に近い場所に設置されており、東海道線と接続する藤沢駅とは、約1.8km離れている。開業は昭和4年4月で、現在の駅構造は相対式ホーム2面2線をもつ地上駅である。

昭和40年

撮影：荻原二郎

🔼 藤沢本町駅
小さな木造駅舎だった頃の藤沢本町駅で、左手の電話ボックスが大きく見える。駅周辺にはまだ、緑が多く残っていた。

現在

🔼 善行駅西口
現在の善行駅は、橋上駅舎をもつ地上駅となっている。この西口駅前にはロータリーがあり、神奈川中央交通のバスが発着する。

現在

🔼 藤沢本町駅
藤沢本町駅の駅舎は、下り（1番線）ホーム側に置かれている。上り（2番線）ホームとは跨線橋で結ばれている。

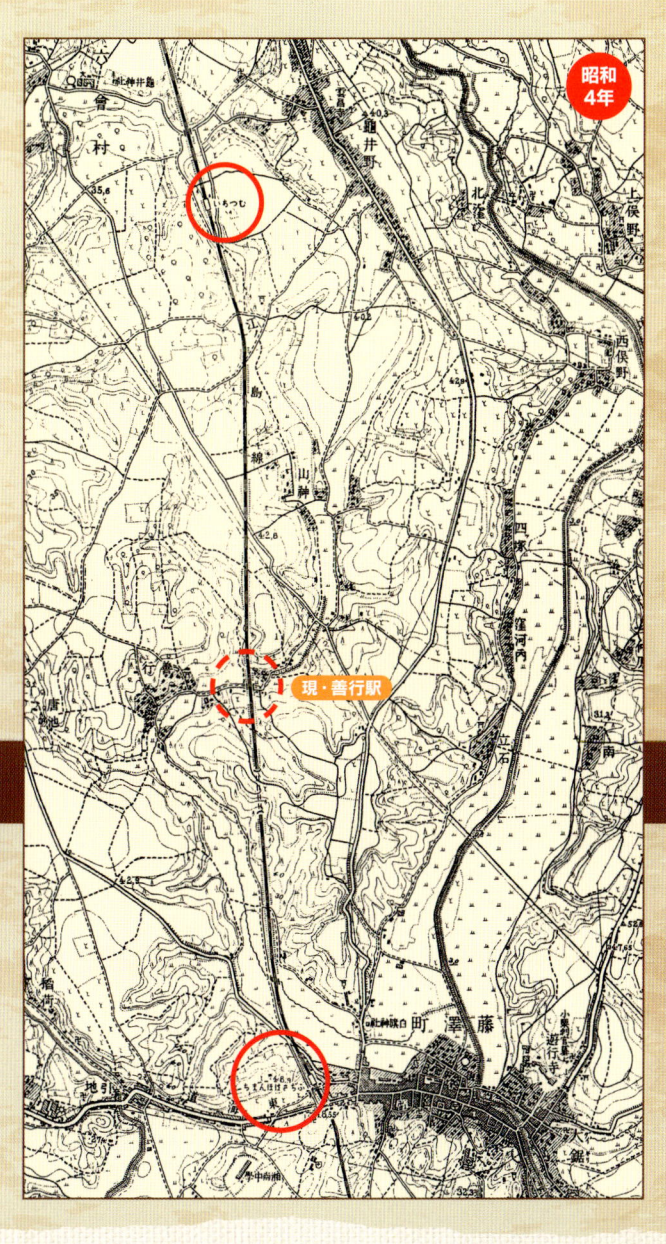

🚶 古地図探訪
六会日大前、善行駅、藤沢本町駅付近

　地図の北側には、現在の駅名（六会日大前）に改称される前の六会駅が見え、南側には藤沢本町駅が置かれている。善行駅はこの当時、開業していなかった。藤沢本町駅は、旧東海道の藤沢宿の西側に位置する。現在は、国道467号、県道43号などに変わっている旧東海道の北側には、遊行寺（清浄光寺）と小栗判官墓、白旗神社などが存在する。現在はこの北側を国道1号の藤沢バイパスが通っている。六会駅は当時、六会村にあり、西側に村役場の地図記号が見える。その横にある「文」の地図記号は、現在の藤沢市立六会小学校である。

昭和4年

現・善行駅

相模原市南区

大和市

藤沢市

川崎市麻生区

多摩市

77

Fujisawa St.

藤沢
ふじ さわ

JR東海道線、
江ノ島電鉄線との連絡駅
頭端式のホームで、スイッチバック行う

【藤沢駅】
開 業 年	昭和4(1929)年4月1日
所 在 地	神奈川県藤沢市南藤沢1-1
キ ロ 程	23.1キロメートル(相模大野起点)
駅 構 造	地上駅
ホ ー ム	2面3線
乗降人数	159,074人

昭和37年

◎藤沢駅
昭和52年に改築が行われる前の小田急の藤沢駅。現在と同じ頭端式2面3線のホームだが、大きな屋根をもつ、終着駅の片瀬江ノ島駅のような雰囲気だった。
撮影：荻原二郎

現在

◎藤沢駅南口
小田急百貨店と一体となった小田急駅がある、JR藤沢駅の南口。北口とともに、駅前各方面がペデストリアンデッキで結ばれている。

大正期

◁藤沢駅
画面右手に駅舎の一部が見える大正期の藤沢駅の駅前風景。洋風のレストランが営業を始めており、人力車の姿が多数見える。
所蔵：生田誠

現在

◎遊行寺(清浄光寺)
東海道の名刹として有名な遊行寺(清浄光寺)。時宗の総本山で、開祖の遊行上人(一遍)の名から、遊行寺と呼ばれる。

　藤沢駅には、3つの鉄道会社が乗り入れている。小田急、そしてJR東海道本線、江ノ島電鉄がそれぞれの駅舎をもち、この藤沢駅で乗り換える通勤・通学客、観光客も多い。

　最も早く駅を設けたのは官設鉄道(のちの国鉄→JR)で、明治20(1887)年7月、現・東海道本線の横浜～国府津間の延伸時に開業している。続いて、明治35年9月、江之島(現・江ノ島)電鉄の駅が開業。3番目が小田急江ノ島線で、昭和4(1929)年4月、大野信号所(現・相模大野)～片瀬江ノ島間の開通時に開業した。

　小田急の藤沢駅は昭和52(1977)年12月、現在の駅舎が完成した。頭端式2面3線のホームをもつ地上駅である。その3年後には、国鉄の駅が橋上駅舎となり、南側にある小田急の駅とは階段で結ばれるようになった。なお、この駅では、新宿方面と片瀬江ノ島方面とを結ぶ列車は、スイッチバック方式で方向を変えることとなる。

　「藤沢」の地名、駅名の由来は諸説が存在するが、淵や沢の多い土地「淵沢」から来たという説が有力である。江戸時代には東海道五十三次の6番目の宿場、藤沢宿が存在し、明治22年には高座郡に藤沢大坂町、鎌倉郡に藤沢大富町が生まれている。明治40年に藤沢大坂町が藤沢大富町を編入、明治41年に鵠沼村、明治村と合併して、藤沢町が生まれた。昭和15年には市制が施行され、藤沢市が誕生した。

昭和31年

相模原市南区

撮影：J.WALLY HIGGINS

🔺腰越付近を走る江ノ電

腰越から江ノ島付近までの併用軌道区間を1両で走る藤沢行きの106号。100形電車は昭和4年から製造され、106号は昭和6年に登場。昭和33年に106号と109号が連接台車の300形へと改造された。

🚶 古地図探訪

藤沢駅付近

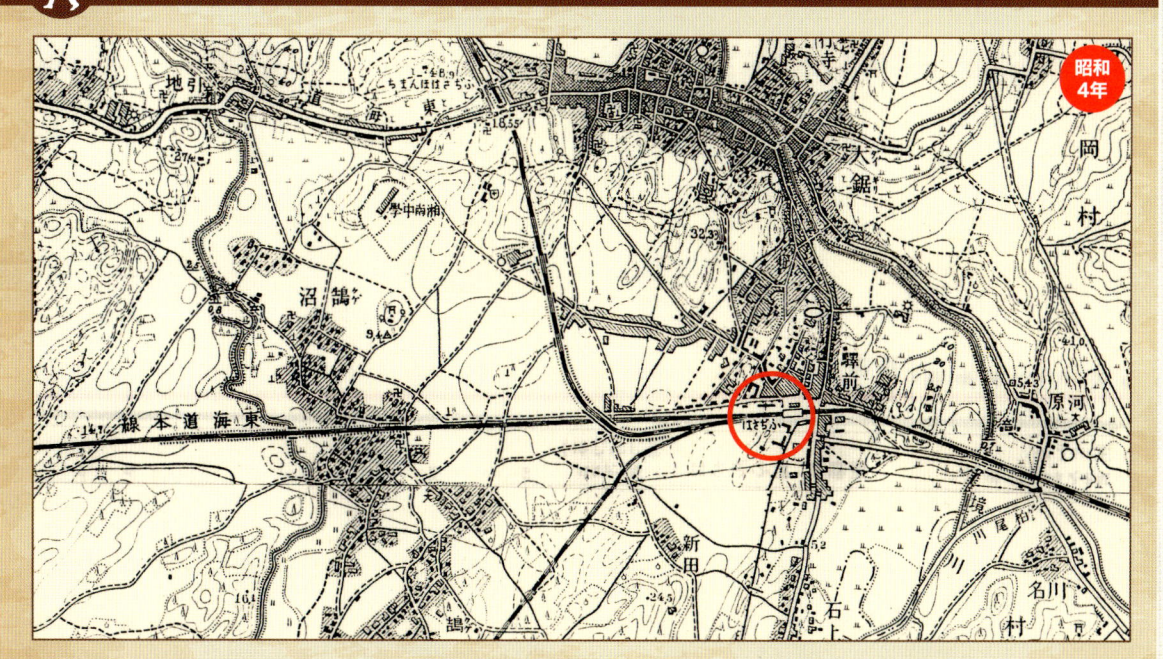

昭和4年

地図の北側には旧東海道、南側には国鉄の東海道本線が南北に走り、中央部分を小田急江ノ島線が藤沢駅に向かって南下する形である。藤沢駅は、旧東海道の宿場だった藤沢宿から離れており、この当時、藤沢町の役場は旧東海道の北側に存在した。明治以降、藤沢駅周辺に新しい市街地が発展し、現在の藤沢市役所は駅のすぐ東側にある。小田急の江ノ島線は、さらに南の片瀬江ノ島駅方面に向かうため、列車は藤沢駅でスイッチバック運転を行うこととなる。また、藤沢駅から南に向かう点線の路線は、同じく江ノ島駅方面に向かう、江ノ島電鉄線である。

大和市

藤沢市

川崎市麻生区

多摩市

79

Hon-Kugenuma St. / Kugenuma-kaigan St. / Katase-Enoshima St.
本鵠沼、鵠沼海岸、片瀬江ノ島

別荘地として開かれた本鵠沼・鵠沼海岸
終着駅の片瀬江ノ島で、江ノ電駅と連絡

【本鵠沼駅】

開業年	昭和4(1929)年4月1日
所在地	神奈川県藤沢市本鵠沼2-13-14
キロ程	24.6キロメートル（相模大野起点）
駅構造	地上駅
ホーム	2面2線
乗降人数	12,218人

【鵠沼海岸駅】

開業年	昭和4(1929)年4月1日
所在地	神奈川県藤沢市鵠沼海岸2-4-10
キロ程	25.9キロメートル（相模大野起点）
駅構造	地上駅
ホーム	2面2線
乗降人数	19,303人

【片瀬江ノ島駅】

開業年	昭和4(1929)年4月1日
所在地	神奈川県藤沢市片瀬海岸2-15-3
キロ程	27.6キロメートル（相模大野起点）
駅構造	地上駅
ホーム	2面3線
乗降人数	19,979人

撮影：荻原二郎

▲本鵠沼駅
木造駅舎だった頃の本鵠沼駅で、売店とともにどこにでもあるような駅前の風景である。この頃はまだ、バスが駅前に来ており、左手のポスト前にバス停の看板が見える。

▶鵠沼海岸駅
住宅地、別荘地の玄関口として、どっしりとした構造の駅舎だった頃の鵠沼海岸駅。同じ沿線の南林間駅と似た雰囲気を保っていた。

◀鵠沼海岸駅
夏の海水浴シーズンには賑いを見せる鵠沼海岸駅。一部の急行が停車する駅となっている。

撮影：荻原二郎

　本鵠沼、鵠沼海岸、片瀬江ノ島の3駅は昭和4(1929)年4月、江ノ島線の開通時に開業した。片瀬江ノ島駅は同線の終着駅である。

　本鵠沼、鵠沼海岸に共通する「鵠沼」は、湿地の多い場所（沼）に、鵠が飛来したことによる。鵠とは、白鳥の古い呼び名である。江戸時代から続いてきた鵠沼村は、明治41(1908)年4月、藤沢大坂町、明治村と合併し、藤沢町となった。現在も、藤沢市内には「鵠沼」「鵠沼海岸」のほか、「鵠沼」を関した地名が多数存在する。

　この地は、明治19年に鵠沼海岸海水浴場が開かれ、別荘地として開発された。画家の岸田劉生、作家の芥川龍之介らが住んだことでも知られる。

　片瀬江ノ島駅は、全国に知られた観光地・江ノ島の玄関口のひとつである。江ノ電の江ノ島駅、湘南モノレール江の島線の湘南江の島駅とは、それぞれ徒歩で数分、十数分の距離となっている。

　現在は藤沢市内だが、昭和22年4月までは、片瀬町が存在した。それ以前は川口村で、さらにさかのぼれば、片瀬村と江島村に分かれていた。また、境川は片瀬川とも呼ばれている。江島神社が鎮座する江の島は陸続きだった時代もあり、現在は対岸の片瀬地区とは江の島大橋、江の島弁天橋で結ばれている。

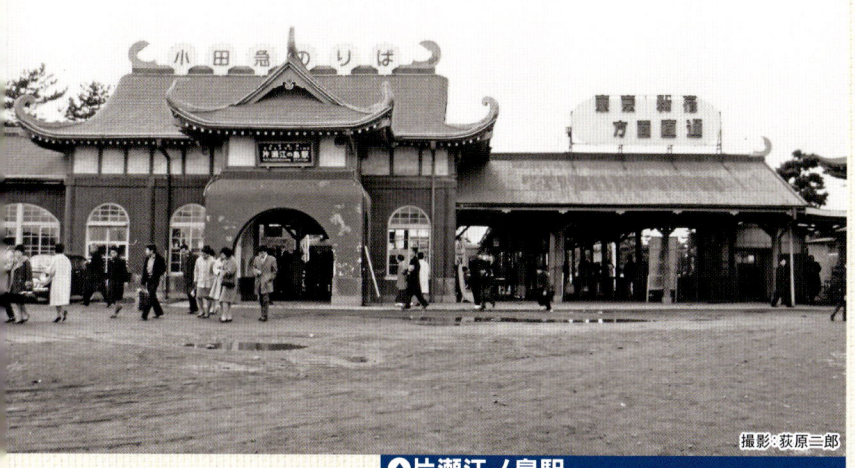

片瀬江ノ島駅前
昭和戦前期
所蔵:生田誠

小田急の片瀬江ノ島駅からは、境川（片瀬川）に架かる橋を渡り、江の島、腰越方面に行くことができた。

片瀬江ノ島駅
現在

朱塗りの竜宮城風の駅舎が出迎える現在の片瀬江ノ島駅。ここに着くと、リゾート気分になれる。

片瀬江ノ島駅
昭和39年　撮影:荻原二郎

現在まで続く、ユニークな外観をもつ片瀬江ノ島駅。竜宮城を模した装飾的な屋根の上には、「小田急のりば」の文字があった。「東京新宿方面直通」の看板も、時代を感じさせる。

鵠沼海岸付近のSE3000形「えのしま」
昭和45年　撮影:荻原二郎

小田急江ノ島線の開通で新宿と湘南の海が約90分で結ばれ、海水浴客は大挙して片瀬海岸や鵠沼海岸を目指した。

古地図探訪
本鵠沼駅、鵠沼海岸駅、片瀬江ノ島駅付近

西側から大きくカーブして、江の島方面に向かう小田急江ノ島線には、本鵠沼、鵠沼海岸、片瀬江ノ島駅が置かれている。一方、こちらも曲がりながら南下してきた江ノ島電車鉄道（現・江ノ島電鉄）線には、鵠沼、江ノ島駅が見える。両駅の間には片瀬川が流れ、河口の先には江島神社があり、観光名所として有名な江の島がある。この当時は藤沢市になる前の川口村で、隣には腰越町に変わる前の腰越津村が存在した。江ノ島駅の東北には、日蓮ゆかりの寺院である龍口寺がある。鵠沼海岸駅付近には、駅名につながる「海岸」の地名が見える。

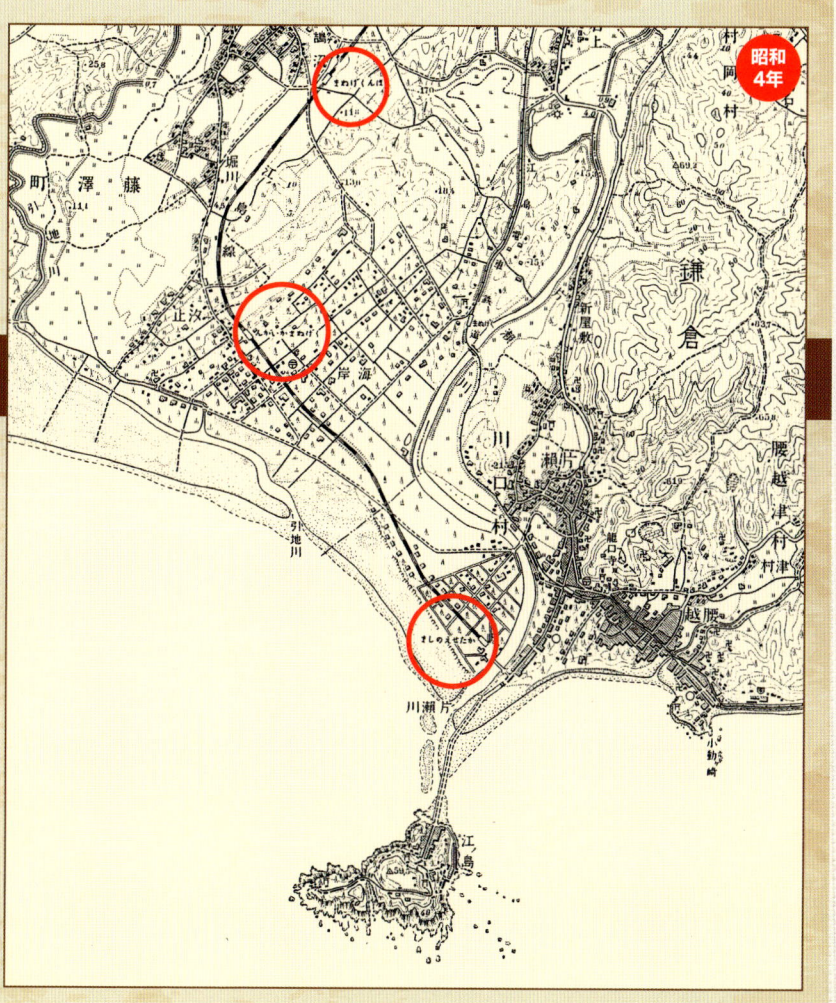

昭和4年

江の島

　古くからの信仰の地であり、近年はリゾート地として、多くの観光客を集めるのが江の島である。なお、小田急では片瀬江ノ島駅だが、地名は「江の島」であり、古くは「江島村」が存在した。最も歴史の古い神社名も「江島神社」である。

　古くは、文武天皇4（700）年に役小角が参詣したといわれ、平安時代に空海、円仁が社殿を創建したと伝わる。源頼朝の祈願で、文覚が弁財天を勧請して以来、鎌倉幕府との関係も深く、天災の影響があったものの、現在の江島神社（中津宮、辺津宮など）が徐々に整備されていった。

　明治維新後、江の島は来日した外国人がさまざまな観点から注目した。明治10（1877）年、モース博士により江ノ島臨海実験所が開設され、その功績をたたえる碑が残されている。また、現在の江の島サムエル・コッキング苑のもととなる、山上の庭園付邸宅が開かれたのもこの頃である。

　この江の島に電車がやって来たのは明治35（1902）年9月、江ノ島電気鉄道の片瀬（現・江ノ島）駅の開業が最初である。このときに現・東海道線の藤沢駅と結ばれ、後には現・横須賀線の鎌倉駅にも延伸された。この開通で、江の島観光がぐっと便利になったのである。

　小田急が路線を延ばし、片瀬江ノ島駅を開業するのは昭和4（1929）年4月。新宿方面と直通する路線が誕生したことで、参拝（初詣）客、観光客の大量輸送も可能になった。片瀬・江の島には東浜、西浜の海水浴場があり、夏には多くの海水浴客が訪れるようになる。昭和39（1964）年には、東京オリンピックのヨット競技の会場に選ばれ、江の島ヨットハーバーが整備された。来たる平成32（2020）年の東京オリンピックでも、ヨット競技の会場となる予定である。

緑の豊かな江の島前景

江の島に続く木製の人道橋。

江の島の名所のひとつ、岩屋入口

第3部
多摩線

多摩線は全長10.6kmと短い路線で、多摩ニュータウンから都心へのアクセス路線としての役割を担っている。分岐点の新百合ヶ丘駅から、終点の唐木田駅まで8駅が存在する。まず、昭和49（1974）年6月1日、新百合ヶ丘～小田急永山間が開業。昭和50年4月23日に小田急多摩センター駅、平成2（1990）年3月27日に唐木田駅まで延伸した。この沿線には、まだ緑が多く残っている。

東京メトロ千代田線に直通する列車が運行されており、一部はJR常磐緩行線にも乗り入れている。

永山駅の東側を走る小田急線（左側）と京王線。写真奥のトンネルの向こう側が永山駅となる。

Satsukidai St. / Kurihira St. / Kurokawa St. / Haruhino St.
五月台、栗平、黒川、はるひ野

五月台、栗平、黒川は、開業当時の駅
はるひ野駅は、平成16年開業の新駅

栗平駅北口（現在）
昭和49年の開業から約40年が経過した栗平駅北口。栗をイメージした屋根が特徴的である。平成18年に駅のリニューアルが行われた。

栗平駅のホーム（昭和56年）
戦後まもない頃から活躍してきた1800形。さよならマークを付けて栗平駅のホームにやってきた。周辺はまだ開発前である。
撮影：荻原二郎

黒川駅（現在）
平成18年にリニューアルされた黒川駅。この駅前には、路線バスの乗り場はなく、商業施設もほとんど存在しない。

五月台駅（現在）
橋上駅舎をもつ五月台駅。当初は普通のみが停車していたが、現在は準急の停車駅となっている。

はるひ野駅（現在）
平成16年に開業し、翌年に鉄道建築協会賞に選ばれたはるひ野駅。跨線橋の上をドーム状の大屋根が覆っている。

　新百合ヶ丘駅を出て、小田原線と分かれた多摩線は、神奈川県道137号の北側をほぼ真っすぐ西北に進んでゆく。川崎市麻生区内には、五月台、栗平、黒川、はるひ野の4駅が置かれている。はるひ野駅以外の3駅は、多摩線の開通時の昭和49年6月の開業である。

　五月台駅は、麻生区五カ日3丁目に置かれている。当初の計画では、駅名も地名と同じ「五力日」が有力だったが。イメージ的な要因から、地名の「五」と大字名の一字「台」を組み合わせた現駅名が選ばれた。駅の構造は相対式ホーム2面2線をもつ地上駅で、橋上駅舎を有している。

　次の栗平駅は、麻生区栗平2丁目にあり、地名「栗平」がそのまま駅名になった形である。駅のあるあたりには、川崎市になる前に都筑郡の栗木村、片平村が存在し、その両者の「栗」と「平」を合わせて駅名、地名が誕生した。この栗平駅は、小学校・中学校・高校を併設した桐光学園の最寄り駅となっており、多摩急行や急行も停車する。

　黒川駅は、かつての黒川村にあり、ここを流れる三沢川の水が透明で底が黒く見えたことから「黒川」の地名が生まれたという。現在でも水の豊かな場所で、蛍の名所としても知られる。黒川駅は相対式ホーム2面2線をもつ地上駅で、橋上駅舎を有している。

　はるひ野駅は、平成16(2004)年12月に開業した新しい駅である。この駅周辺は、都市基盤整備公団(現・都市再生機構)により「くろかわはるひ野」分譲地が開発され、その名称から駅名が採用された。

【五月台駅】

開業年	昭和49(1974)年6月1日
所在地	神奈川県川崎市麻生区五力田3-18-1
キロ程	1.5キロメートル（新百合ヶ丘起点）
駅構造	地上駅[地上駅]
ホーム	2面2線
乗降人数	9,978人

【栗平駅】

開業年	昭和49(1974)年6月1日
所在地	神奈川県川崎市麻生区栗平2-1-1
キロ程	2.8キロメートル（新百合ヶ丘起点）
駅構造	地上駅[地上駅]
ホーム	2面2線
乗降人数	22,051人

【黒川駅】

開業年	昭和49(1974)年6月1日
所在地	神奈川県川崎市麻生区南黒川4-1
キロ程	4.1キロメートル（新百合ヶ丘起点）
駅構造	地上駅[地上駅]
ホーム	2面2線
乗降人数	8,247人

【はるひ野駅】

開業年	平成16(2004)年12月11日
所在地	神奈川県川崎市麻生区はるひ野5-8-1
キロ程	4.9キロメートル（新百合ヶ丘起点）
駅構造	地上駅
ホーム	2面2線
乗降人数	9,031人

昭和55年

▲五月台駅のホーム

2200形2両編成の上下線の列車が五月台駅付近ですれ違う。開業して5年ほどの頃のホームで、乗降客も少なかった。

撮影：荻原二郎

古地図探訪
五月台駅、栗平駅、黒川駅、はるひ野駅付近

中央に、都筑（郡）柿生村の文字がある昭和4年の地図である。この柿生村は昭和14年、川崎市に編入されている。地図の右側に見える「五力田」の地名は、小田急の五月台駅の由来のひとつで、柿生村の下に「栗木」、その北西に「黒川」の地名が見え、それぞれ、栗平駅、黒川駅の由来となっている。黒川付近には、鶴川街道（神奈川県道19号）が通っている。現在の栗平駅の南側、県道137号沿いにある常念寺を示す「卍」の地図記号が「栗木」の横に見える。この付近には現在、桐光学園高校、桐光学園小学校などが誕生している。

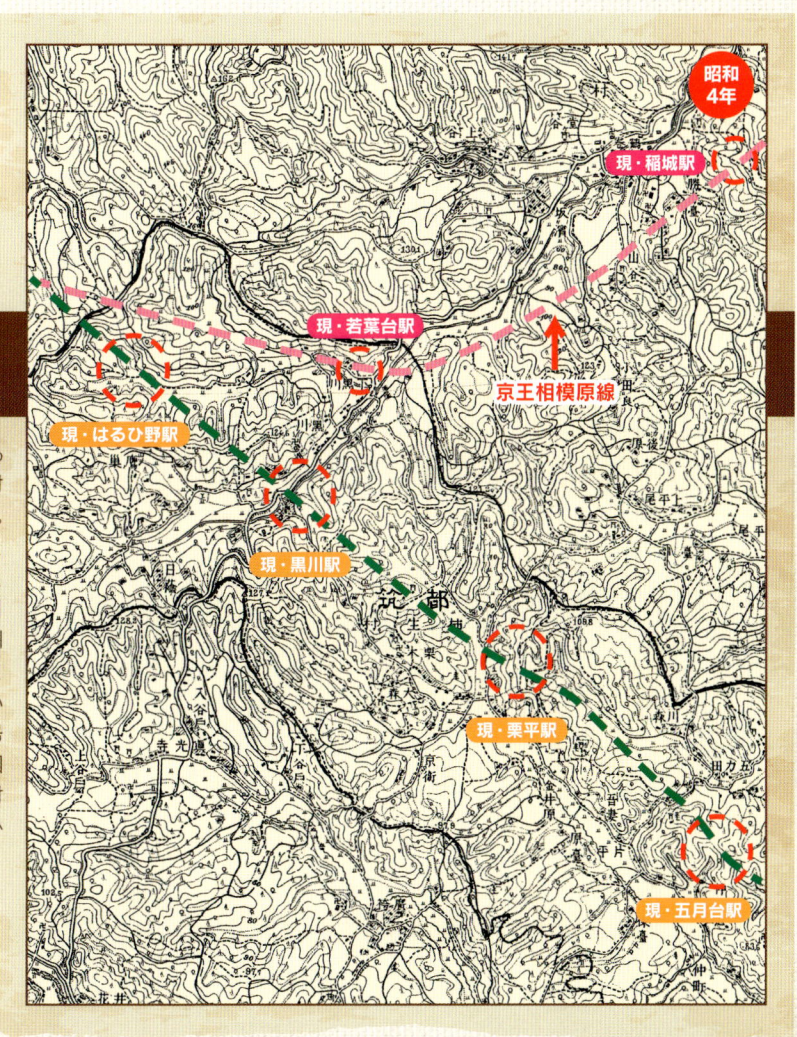

昭和4年

現・稲城駅
現・若葉台駅
京王相模原線
現・はるひ野駅
現・黒川駅
現・栗平駅
現・五月台駅

相模原市南区
大和市
藤沢市
川崎市麻生区
多摩市

Odakyu-Nagayama St. / Odakyu-Tama-Center St. / Karakida St.

小田急永山、小田急多摩センター、唐木田

永山・多摩センターでは、京王線と接続
終着駅・唐木田は、唐木田川の名称から

【小田急永山駅】
開業年	昭和49（1974）年6月1日
所在地	東京都多摩市永山1-18-23
キロ程	6.8キロメートル（新百合ヶ丘起点）
駅構造	高架駅
ホーム	2面2線
乗降人数	29,853人

【小田急多摩センター駅】
開業年	昭和50（1975）年4月23日
所在地	東京都多摩市落合1-11-2
キロ程	9.1キロメートル（新百合ヶ丘起点）
駅構造	高架駅
ホーム	2面2線
乗降人数	48,961人

【唐木田駅】
開業年	平成2（1990）年3月27日
所在地	東京都多摩市唐木田1-2-1
キロ程	10.6キロメートル（新百合ヶ丘起点）
駅構造	地上駅[地上駅]
ホーム	2面3線
乗降人数	21,719人

昭和50年
撮影：J.WALLY HIGGINS

◀多摩線の小田急多摩センター付近
線路は新しいが車両は古い1900形。戦後の規格型として誕生した車両であり、その後増備された。現在、この線では東京メトロやJR東日本の車両も見られるようになった。

現在

◀小田急永山駅
北側に京王線、南側に小田急線の駅が並んで建つ永山駅。この駅前には、グリナード永山1号館がある。

現在

▶小田急多摩センター駅
小田急・京王が利用する多摩センター駅では、南口で多摩モノレール線に連絡している。

　神奈川県内を走ってきた小田急多摩線は、東京都内に入り、多摩市内を進むこととなる。次の「小田急永山」と「小田急多摩センター」の2駅は、「小田急」を冠した名称で分かるように、他社線との乗換駅である。両駅では京王線と接続し、その後、小田急多摩センター駅には多摩都市モノレールが延伸、駅を開業した。

　小田急永山駅は昭和49（1974）年6月、多摩線の延伸で開業した。その4ヶ月後の10月、京王相模原線の延伸で、京王永山駅が開業し、連絡駅となっている。開業当時は終着駅だったが、翌年4月に小田急多摩センター駅に延伸し、途中駅となっている。両駅とも多摩市永山1丁目にあり、「永山」の地名が駅名になっている。

　小田急永山駅とともに、多摩ニュータウンの玄関口となっているのが、小田急多摩センター駅である。こちらは、昭和49年10月に京王多摩センター駅が開業。約半年遅れて、昭和50年4月に小田急多摩センター駅が開業している。多摩都市モノレールの多摩センター駅が開業したのは、平成12（2000）年1月である。

　一方、多摩線の終着駅である唐木田駅は平成2（1990）年3月に開業した。駅の所在地は、多摩市中沢2丁目だが、この駅の付近を唐木田川が流れ、「唐木田」の地名があることで、駅名に採用された形である。駅の構造は、単式ホーム1面1線、島式ホーム1面2線をもつ地上駅で、橋上駅舎を有している。将来的にはJR横浜線、相模線方面への延伸計画があるものの、現在のところ具体化はしていない。